Johannes-Evangelium
und ausgewählte
Psalmen
opp

Ostpreußisch

Übersetzt von
Werner Gitt

LICHTZEICHEN
— VERLAG —

Hier geht's zur kostenfreien Audio-Version des
ostpreußischen Johannes-Evangeliums:

https://wernergitt.de/ostpreussisch

Das Johannes-Evangelium
und die Psalmen 23, 32, 46, 61, 90, 91, 103, 121, 139
sowie das Vaterunser opp Ostpreußisch
Übersetzt von Werner Gitt

© Lichtzeichen Verlag GmbH
1. Auflage 2021
Titelbild: A. Savin (Wikimedia Commens)
Der wieder aufgebaute Königsberger Dom
ISBN: 978-3-86954-483-0
Best.-Nr.: 548483

Meinen lieben Eltern Emma und Hermann Gitt

und auch meiner lieben Stiefmutter Adelheid[1] Gitt,

denen ich so Vieles zu verdanken habe,

sei diese Schrift in Dankbarkeit gewidmet

---

[1] Meine Mutter *Emma Gitt* (1902-1945, geb. Girod) wurde nach dem Einmarsch der Roten Armee in Süd-Ostpreußen im Februar 1945 in die Ukraine verschleppt und starb dort im April 1945. Mein Vater *Herman Gitt* (1901-1974) kam 1947 aus französischer Kriegsgefangenschaft zurück und heiratete 1948 *Adelheid Gitt* (1904-1984, geb. Lipowski). Alle waren mir sehr zugetan, so dass ich ihnen an dieser Stelle ein herzliches Dankeschön sagen möchte.

Inhaltsverzeichnis

Auf Ostpreußisch und Hochdeutsch:
(Die Psalmen in Hochdeutsch sind nach der Luther-Übersetzung
1984 wiedergegeben.
Als Basis für die Übersetzung des Johannes-Evangeliums und der
Psalmen in Ostpreußisch wurde im wesentlichen die Luther-Über-
setzung 1984 verwendet; daneben auch noch einige andere bibel-
treue Übersetzungen)

Vorwort

Vor Ihnen liegt ein Buch, das es meines Wissens erstmalig gibt: Die Übersetzung von Bibelteilen ins Ostpreußische. Sie fragen sich zu Recht: Warum eine Sprache, die doch längst dem Aussterben geweiht ist? Da ich mir gut vorstellen kann, dass Sie mir bezüglich dieser Übersetzung noch weitere Fragen stellen würden, versuche ich sie zu erraten und gebe Ihnen gerne die Antworten.

1. Was hat Sie bewogen, diese Übersetzung anzufertigen?

Ich wurde im äußersten Osten von Ostpreußen in dem kleinen Dorf Raineck – 125 km östlich von Königsberg und 20 km von der litauischen Grenze entfernt – auf dem elterlichen Bauernhof geboren. Dort lebten wir bis zur Flucht im Oktober 1944. Bei uns im Dorf wurde ausschließlich das ostpreußische Platt gesprochen, so dass ich diese Sprache durchaus als meine Muttersprache bezeichnen kann. Obwohl inzwischen viele Jahre vergingen, so sind doch Sprachklang, Sprachempfinden und auch die Wörter in guter Ernnerung geblieben. Aus Liebe zum Wort Gottes und aus heimatlicher Verbundenheit habe ich in vergangener Zeit bereits einige Psalmen übersetzt. Einigen mir bekannten Ostpreußen konnte ich damit eine Freude bereiten. In Gesprächen mit meinem Schwiegersohn Prof. Dr. *Arndt Schnepper* ermutigte er mich immer wieder, doch mehr zu übersetzen. Er meinte, es wäre doch das Dokument einer weitgehend nur mündlich überlieferten Sprache, die es wert sei, erhalten zu werden. Ein weiterer Gesichtspunkt hat mich zu dieser Arbeit motiviert: Es liegen bisher keine Bibelteile in ostpreußischer Sprache vor.

2. Wie haben Sie die Auswahl der zu übersetzenden Bibelteile getroffen?

Ich schätze die ganze Bibel als das von Gott an uns Menschen gerichtete Wort: *„Denn alle Schrift ist von Gott eingegeben"* (2. Timotheus 3,16). In Johannes 17,17 bestätigt Jesus dieses Wort als von Gott autorisiert: *„Dein Wort ist die Wahrheit.“* Und von Paulus haben wir das Bekenntnis: *„Ich glaube allem, was geschrieben steht"* (Apostelgeschichte 24,14). Diese wenigen Zitate bestätigen uns den Wahrheitsgehalt der biblischen Botschaft. Der hohe Wert der Bibel mag uns daran bewusst werden, wenn wir bedenken, dass uns dort gesagt wird, wie wir in den Himmel kommen. So war es mir eine Freude, dieses lebendige Wort Gottes auch in meine Muttersprache zu übersetzen.

Von Anfang an war mir klar, dass ich das Johannes-Evanglium auswählen werde. Hier finden wir die nur in diesem Evangelium vorkommenden acht „Ich-bin-Worte" Jesu: „Ich bin das Brot des Lebens" (6,35) – „Ich bin das Licht der Welt" (8,12) – „Ich bin die Tür" (10,9) – „Ich bin der gute Hirte" (10,11) – „Ich bin die Auferstehung" (11,25) – „Ich bin der Weg, die Wahrheit und das Leben" (14,6) – „Ich bin der wahre Weinstock" (15,1) – „Ich bin ein König" (18,17). Der Anfang des Johannes-Evangeliums weist auf Jesus, den Urheber aller Dinge hin. Dieses Evangelium empfinde ich als das tiefsinnigste und dennoch am leichtesten verständliche. Damit war meine Entscheidung hierfür gefallen.

Zusätzlich habe ich neun Psalmen ausgewählt, die mich immer wieder hinsichtlich der Fürsorge und Treue Gottes, seines Schutzes und seiner Barmherzigkeit angesprochen haben.

3. **Sie waren noch ein Kind mit acht Jahren, als Sie Ihre Heimat Ostpreußen verlassen mussten. Beherrschen Sie heute noch das Ostpreußische?**

Ich bin selbst erstaunt, wie sehr das Ostpreußische noch in meiner Erinnerung verhaftet ist. Vielleicht liegt es daran, dass bei uns damals ausschließlich Platt gesprochen wurde. Als ich im Sommer 1943 in unserer Rainecker Dorfschule eingeschult wurde, konnte ich kein Wort Hochdeutsch. Unser Lehrer *Brehm* akzeptierte es, wenn ich meine Antworten auf Platt gab. Bei der jetzt vorliegenden Übersetzung hat sich das als großer Vorteil erwiesen. In den vergangenen Jahren las ich gerne ostpreußische Erzählungen und Gedichte, wodurch die Sprache in mit lebendig blieb.

4. Es gibt keinen Duden für eine festgelegte Schreibweise der ostpreußischen Wörter. Wie sind Sie bei Ihrer Übersetzung vorgegangen?

Da es keinen ostpreußischen Duden gibt, haben die wenigen Autoren ostpreußischer Literatur (z. B. *Wilhelm Reichermann*) die Wörter weitgehend nach dem eigenen Empfinden geschrieben. Oft bemühten sie sich, die Schreibweise dem Hochdeutschen anzulehnen. Das hat zwar den Vorteil der Wiedererkennung, bringt aber gleichzeitig den Verlust der korrekten Aussprache mit sich. Kennt man nicht zu jedem Wort die zugehörige Aussprache, vermag man den Text nicht richtig vorzulesen. Dieses Problem kennen wir insbesondere vom Englischen, aber auch vom Französischen.

Die Zahl der Leser, die noch Ostpreußisch verstehen und sprechen können, reduziert sich von Jahr zu Jahr. Durch Flucht und Vertreibung ist es keine lebende Sprache mehr. Daher habe ich mich entschlossen, die Schreibweise so zu wählen, dass auch ein Nichtostpreuße oder Kinder ostpreußischer Eltern, die im Bereich der heutigen Bundesrepublik geboren wurden, den Text vorlesen können und ihn dabei weitgehend richtig aussprechen.

Auf das Französische übertragen, würde dies bedeuten, dass wir den Ort „Bordeaux" als „Bordo" und das englische Wort „tough" entsprechend mit „taff" schreiben.

Einige der spezifischen Spracheigenheiten des Ostpreußischen seien hier kurz erwähnt. Zunächst weisen wir auf zwei besondere Laute hin, die es im Hochdeutschen nicht gibt:

Oa-Laut: Der eine Laut liegt zwischen o und a, und darum schreibe ich ihn stets als oa. Ein paar Beispielwörter sind: Foader (Vater), Woater (Wasser), Noame (Name), moake (machen), koahme (kommen), froaje (fragen), schloape (schlafen), verschloate (verschließen).

Gj-Laut: Ein weiterer typischer Laut ist jener, der zwischen g und j auszusprechen ist. Ich nenne ihn hier den gj-Laut. Bei vielen ostpreußischen Wörtern, die dem Hochdeutschen entlehnt sind, wird das darin enthaltene g weitgehend zum j hin rübergezogen, aber es wird nicht zum j. Einige Beispiele sind:
joahne (gehen), jloowe (glauben), droaje (tragen), beeje (biegen), Ooje (Augen).

Vokalbetonung: Manche Vokale werden besonders betont und langgezogen. Das drücken wir durch die Verdoppelung des Vokals aus. Beispiele:
Breeder (Brüder), Woord (Wort), ook (auch), kleen (klein), toeerscht (zuerst), Ooje (Augen), buute (draußen).

Präposition und Artikel zusammenziehen: Eine weitere Besonderheit des Ostpreußischen ist das Zussammenziehen von Präposition und Artikel zu einem neuen Wort. Beispiele:
Oppe Bank voore Där hucke (Auf der Bank vor der Tür sitzen),
Anne Eck stoahne (an der Ecke stehen),
Inne Stadt joahne (In die Stadt gehen).

Wer sich mehr für die Ausprache interessiert, darf wissen, dass es einen Podcast gibt (werner gitt podcast, Johannes-Evangelium auf Ostpreußisch), wo alle hier genannten ostpreußischen Texte gesprochen werden.

5. Welchen Leserkreis wollen Sie heute noch ansprechen?

Die erste Zielgruppe sind Menschen, die noch in Ostpreußen geboren wurden. Wie viele mögen das wohl noch sein? Genaue Zahlen sind dazu nicht zu bekommen, so müssen wir uns mit Abschätzungen[2] begnügen. Eine weitere Intessentengruppe dürften Kinder von Ostpreußen sein, die zwar hier geboren sind, aber dennoch für die Sprache ihrer Eltern aufgeschlossen sind. *Klaus Papies*, 1939 in Masuren geboren, hat in seinem lesenswerten Buch das „Ostpreußische Wortschatzkästchen"[3] die vielen in Ostpreußen üblichen Ausdrücke[4] dokumentiert, um sie für die Nachwelt aufzubewahren. *Papies* beschreibt die Situation sehr treffend:

„Ostpreußen ist ein im Abgrund der Geschichte des 20.Jahrhunderts, des Jahrhunderts der Gewalt, versunkenes Land, heutzutage teils polnisch, teils russisch und mit einem nördlichen Zipfel litauisch. Auch die alten Ostpreußen sind dabei, aus der Gegenwart zu verschwinden, als intakte Bevölkerungsgruppe gibt es sie schon lange nicht mehr, und inzwischen ist bereits die Generation der Urenkel auf dem Weg, für die Ostpreußen in der Regel nur noch eine ferne Sage ist, wenn überhaupt. Dieses Schicksal eines untergegangenen Landes, seiner Kultur und seiner Menschen teilt mit einiger Verzögerung auch die ostpreußische Sprache. "

---

[2] Im Jahre 1939 hatte Ostpreußen (einschließlich des Memellandes) 2 649 017 Einwohner auf einer Fäche von 39 840 km². Ostpreußen war flächenmäßig 2,5-mal so groß wie Schleswig-Holstein oder 16 Prozent größer als Nordrhein-Westfalen. Bei Kriegsende lebten in Ostpreußen etwa 2,4 Millionen Einwohner. Ostpreußen hat unter allen deutschen Ländern im Zusammenhang mit Flucht und Vertreibung die höchsten Menschenverluste erlitten – allein 310 000 Zvilisten sind umgekommen. 44 000 wurden als Reparationsverschleppte in die Sowjetunion gebracht. Man kann davon ausgehen, dass etwa 2 Millionen als Flüchtlinge auf dem Gebiet der heutigen Bundesrepublik ankamen. Es gibt keine Statistik darüber, wie viele der noch in Ostpreußen Geborenen heute leben. Mit Hilfe statitischer Berechnungen – wie es bei den Lebensversicherungen üblich ist – kann diese Zahl jedoch annähernd bestimmt werden. Der Mathematiker Dr. *Robert Zobel* hat unter Brücksichtigung wesentlicher Parameter das Ergebnis mit 194 000 ermittelt.
[3] Klaus Papies: Ostpreußisches Wortschatzkästchen, Ihleo Verlag, Husum, 2018, 160 S.
[4] Einige Beispiele ostpreußischer Ausdrücke seien hier einmal genannt: Marjell (junges Mädchen), Lorbas (kräftiger spitzbübischer Junge), Glomse (Sauermilchquark), jankern (starkes Verlangen nach etwas), fläzen (flegelhaftes Sitzen), hubbern (leicht frieren mit Gänsehaut), kadakschen (das Geräusch der Hühner beim Eierlegen), koddrig (sehr unwohl fühlen), Krät (Schimpfwort mit weiter Anwendung), Kruschke (Birne), Kaline (eine junge Frau, leicht grob), Lucht (Dachboden), Okel (kleiner Raum), Dussel (dummer Mensch), Fladrusch (Verzierungen an Kleidern, die überflüssig sind), Flochte (Flügel), Schlubber (ein kleiner Schluck), däkerich (hinfällig).

6. Hat sich der Aufwand gelohnt?

Den ersten Nutzeffekt habe ich selbst erleben dürfen. Bei dieser Übersetzungsarbeit bin ich tiefer in den Bibeltext eingedrungen, als es beim normalen Bibellesen oder auch bei einer Bibelarbeit der Fall ist. Es ist mein Gebet, dass durch diese Übersetzung mindestens einer zum Glauben an den findet, den das Johannes-Evangelium so deutlich bezeugt – Jesus! Nach der Aussage Jesu ist eine Seele kostbarer als das ganze Universum: *„Was hülfe es dem Menschen, wenn er die ganze Welt gewönne und nähme doch Schaden an seiner Seele? Oder was kann der Mensch geben, womit er seine Seele auslöse?"* (Matthäus 16,26). Und wenn es gar mehrere sind, dann kann ich nur dankbar sagen: „Der Aufwand hat sich gelohnt!"

Im 20. Kapitel des Johannes-Evangelium wird uns der Zweck des aufgeschrienen Textes genannt: *„Die (Taten Jesu) sind geschrieben, damit ihr glaubt, dass Jesus der Christus ist, der Sohn Gottes, und damit ihr durch den Glauben das (ewige) Leben habt in seinem Namen"* (Johannes 20,31). Damit ist auch mein Wunsch ausgedrückt: Mögen etliche durch das Lesen der vorliegenden Übersetzung zum Glauben an den Retter Jesus Christus finden und so das ewige Leben gewinnen.

Werner Gitt, August 2021

Dat Ewanjelium von Johannes opp Ostpreußisch

Kapitel 1

Dat Woord wurd Fleesch

1 To allereerscht weer dat Woord, un dat Woord weer bi Gott, un Gott weer dat Woord.

2 Datselwije weer im Anfang bi Gott.

3 Allet obber ook allet, wat et jefft, öss dorch datselwije jemoakt, un ohne datselwije öss nuscht jemoakt, wat jemoakt öss.

4 In em weer dat Läwe, und dat Läwe weer dat Licht forre Mensche.

5 Un dat Licht schient innne Diesternis, und dä Diesternis hett dat nich bejräpe.

6 Et weer een Mensch, von Gott jescheckt, sin Noame öss Johannes.

7 Der keem doaterto, um äwer dat Licht to vertelle. Dat weer doafär jedocht, dat se alle dorch em jloowe sollde.

8 He selwst weer nich disset Licht, obber sine Oppjaw weer et, von dem Licht to vertelle.

9 Dat weer dat woahre Licht, dat alle Mensche, dä jemoals in disse Welt koahme ware, disset Licht verstohne.

10 He weer in disse Welt jekoahme, un disse Welt öss sojoar dorch em jemoakt, obber disse Welt hett nuscht von em verstande.

11 He keem in sin Eejentum, obber dä eejentlich to em jeheerde, hebbe em joar nich oppjenoahme.

12 Obber alle jenne, dä em oppjenoahme hebbe, dä kreeje von em tojeseggt, dat se dadorch Kinder von Gott ware. Dat sent dann solche, dä an sinem Noame jloowe.

13 Dat sent denn allet solche, dä nich uttem Blood un ook nich uttem Welle vonnem Fleesch un ook nich uttem Welle von eenem Mann jebore sent, sondern von Gott.

14 Un disset Woord wurd Fleesch un woahnd under ons. Wi hebbe

sine Herrlichkeit jeseehne. Un disse Herrlichkeit weer von dem enjeborene Sähn un dem Foader, un der öss voller Jnaod un Woahrheit.

15 Johannes hett von em vertellt und doaterno utjeroope: „Disser weer der, von dem eck jeseggt hebb: Noa mi ward eener koahme, der noch voar mi gewese öss, denn he weer väl freeher doa als eck."

16 Hee hett allet in Hüll un Füll, un von em hebb wi alle Jnoad om Jnoad jenoahme.

17 Wi ju joa weete, öss dat Jesetz dorch Mose jejäwe worde; dä Jnoad und Woahrheit obber öss dorch Jesus Christus to ons jekoahme.

18 Kein eenzijer hett Gott jemoals toseehne jekräje; der Eenzigjeborene, der selwst Gott öss un ook anne Sied vom Foader huckt, der hett ons von em vertellt.

Johannes äwer sich selwst

19 Dä Jude scheckde ähre Priester un Levite ut Jerusalem to Johannes un stellde em dä Froaj: „Wer best du eejentlich?"

20 Doaropp hett he enne ganz kloar jeseggt: „Eck ben nich der Christus."

21 „Na, wer best du denn?", hebbe se jleich noajehoakt. „Best du der Elia?" – „Obber wo ward doch", jeew he tur Antwoort. „Best du der Profet?" – „Nei, ook dat nich!"

22 „Obber, wer best du denn?" – „Segg ons dat doch, doamet wi dat to jenne segge kenne, dä ons to di henjescheckt hebbe. Wat seggst du denn von di selwst, wer du best?"

23 Johannes jeew dä Antwoort, wobie he dat Woord uttem Profet Jesaja benutzt hett:

24 „Eck ben eene Stemm utte Wüst, dä to ju seggt: ,Moakt dem Wech kloar for dat Koahme vonnem Herr.'"

25 Doarop froajde jenne, dä vonne Farisäer jescheckt wurde: „Wie kemmst du doaterto to taufe, wenn du wedder der Christus noch der Elia noch der Profet best?"

26 Johannes hett enne doarop jeseggt: „Eck do man bloß met Woater taufe, doch in june Medd steiht eener, dem ju jetz noch nich kenne.

27 Der ward noa mi koahme, obber eck well et ju segge, eck ben et noch nich e moal wert, dat eck em sine Schneersenkel oppmoake do."

28 Dat öss durt in Bethanien passeert, eenem Derp oppe Ostsied vom Jordan. Doa hett Johannes ook jetauft.

Wat Johannes äwer dat Lamm von Gott seggt

29 Et weer jroad e moal een Dach späder, doa keem Jesus to em hen. So dat et alle verstoahne kunne, seggt Johannes: „Passt jenau opp, dat öss dat Lamm von Gott, dat jekoahme öss, um dä Sünd vonne ganze Welt to droaje."

30 Dat öss jenau der, von dem eck ju vertellt hebb: „Noa mi kemmt e Mann, der voar mi jewäse öss, joa sojoar schon ganz lang voar mi."

31 „Eck hebb em nich jekannt. Obber doamet Israel dä Ooje oppjoahne, ben eck jekoahme un hebb met Woater jetauft."

32 Un denn vertelld he noch wat Wichtijet: „Eck kickd jenau hen, un doa hebb eck jeseehne, dat der Heilije Geist wie e Duuw vom Himmel runder keem un sich opp em runder jeloate hett.

33 Eck hebb em nich jekannt, obber Gott, der mi anjeordend had, met Woater to taufe, hett to mi jeseggt: ‚Der, opp dem der Heilije Geist runderkoahme ward un wo du dat ook seehne deist, dat he opp em bliewt, dat öss jenau der, dem du seekst. Und dat öss der, der mettem Heilije Geist tauft.'

34 Dat allet hebb eck selwst jeseehne und doarom vertell eck ju, disser Mann öss der Sähn von Gott."

Dä eerschte Jünger

35 Am nächste Dach weer Johannes anne selwije Stell, un zwei von sine Jünger weere ook doa.

36 Als Jesus voarbijing, kickd Johannes em an un seggt luut vernähmlich: „Passt opp! Disser hier, dat öss dat Lamm von Gott!"

37 Dä beide Jünger hebbe dat jeheert un hebbe sich entschloate, Jesus noatofolje.

38 Jesus kickd sich om un hett jeseehne, dat se em folje deede. Doa

hett he dä beide jefroajt: „Wat well ju?" Dä Jünger säde: „Rabbi (dat meent Meister), wo öss dine Schloapstell?"

39 Doa seggt he to enne: „Dann koahmt man met, un dann war ju dat schon seehne." Doaropp hen jinge se met em met. Et weer am Noameddach so jäjen vier Uhr, un se bleewe durt dem ganze restliche Dach.

40 Eener von dä beide, der Johannes jeheert had un Jesus noajefoljt weer, dat weer Andreas, un dat weer der Brooder von Simon Petrus.

41 Jleich doaternoa jing he to sinem Brooder Simon un hett em vertellt: „Wi hebbe dem Messias jefunde" (dat öss der Christus).

42 Doa neehm Andreas Simon met to Jesus. Als Jesus em so jemustert had, säd he to em: „Du best Simon, der Sähn von Johannes, obber von nu an sollst du Kephas heete, und dat hett dä Bediedung von Fels."

43 Am Dach doaternoa hett Jesus beschloate, noa Galiläa to joahne. Oppem Wech trefft he opp Philippus un seggt to em: „Komm met, un bliew bi mi."

44 Philippus keem uttem Derp Betsaida, wo ook Andreas un Petrus woahnde.

45 Philippus hett nu Nathanael oppjesocht un vertelld em: „Wi hebbe man jetz jroad dem jefunde, von dem Mose un dä Profete jeschräwe hebbe. Un dat öss Jesus, der Sähn von Josef ut Nazareth."

46 Obber Nathanael stelld sich doajäjen: „Wat kann ut Nazareth schon Joodet koahme?" Doaropp seggt Philippus to em: „Denn komm doch met, un do di selwst von em äwerzeije!"

47 Als Jesus jeseehne had, dat Nathanael opp em tojing, seggt he: „Dat öss e ganz opprechter Mann. In dem öss nuscht Falschet; he öss e rechtijer Israelit."

48 Nathanael froajd: „Wie kemmt dat man bloß, dat du mi kennst?" Jesus säd to em: „Noch bevoar Philippus di jeroope hett, hebb eck di schon under dem Feijeboom hucke jeseehne."

49 Doaropp hen seggt Nathanael: „Rabbi, du best werklich der Sähn von Gott – du best der Keenich von Israel!"

50 Jesus hett doaropp hen to em jeseggt: „Du jloowst deswäjen, wielt

eck di jeseggt hebb, dat eck di under dem Feijeboom jeseehne hebb. Du warscht nu bold noch väl Jretteret to seehne krieje."

51 Jesus vertellt enne nu noch wat Wichtijet: „Bedenkt jenau, wat eck ju nu segge do: Ju ware dem Himmel oppjemoakt seehne und dä Engel von Gott seehne, wi se opp dem Menschesähn runnerkoahme un ook wedder oppstieje."

Kapitel 2

Dä Hochtied von Kana

1 Am äwernächste Dach weer in Kana, dat öss e Derp in Galiläa, e Hochtied. Doa weer ook dä Mutter von Jesus enjeloade.

2 Ook Jesus un sine Jünger weere tum fieere enjeloade.

3 Met dä Tied weer enne dä Wien utjejange. Doa hett Maria to Jesus opp disse Sorj oppmerksam jemoakt: „Dä hebbe keinem Wien nich mehr."

4 „Wat hett dat met mi un met di to doone?", froajd Jesus. „Mine Tied öss noch nich jekoahme."

5 Doch dä Mutter von Jesus hett voarsorchlich to dä Deener jeseggt: „Wat he to ju segge ward, dat doot man jleich!"

6 In jennem Hus stunde sechs steenerne Woaterkreej, in jedem von enne passde 100 Liter ren. Dä hett man jebruukt for dä Reinijungshandlunge, wat for dä Jude voarjeschräwe öss.

7 Jesus säd denn to dä Deener: „Nu könn ju all dä Kreej met Woater oppfülle." Als se doamet fertig weere un alle bis boawe oppjefüllt hade,

8 seggt he: „Nu neehmt e Scheppläpel un bringt e Prow to dem Zeremonjemeister." Dat hebbe se denn ook jleich utjefeehrt.

9 Dä Zeremonjemeister neehm e joodem Schluck von dem Woater, der nu to Wien jeworde weer. He wussd äwerhaupt nich, von woher dä Wien jekoahme weer. Dat weer nur bi dä Deener bekannt, dä dä Prow jescheppt hade. He leet sich nu dem Briedjam koahme.

10 Disser säd to em: „Eejentlich moakt man dat doch so, dat dä Jastjäwer toeerscht dem bessere Wien anbeede deit. Späder, wenn dä

Jäst schon besoape sent un se sich nich mehr rechtich utkenne, ob et e jooder oder e schlechter Wien öss, dann eerscht schenkt man dem wenijer joode ut. Du obber hest dem beste Wien bis jetz torück jehoole."

11 Dorch disset Wunder in Kana in Galiläa hett Jesus tum eerschte Moal sine Herrlichkeit jezeijt. Un nur sine Jünger hebbe an em jegloowt.

12 Noa disse Hochtied jing he nach Kapernaum. Durt weer he for e poar Doaj tosamme met sine Mutter, sine Breeder un sine Jünger.

Reinijung im Tempel

13 Et weer dä Tied voar dem Passahfest jekoahme, wie et jedet Joahr stattfinde deit, un doarom jing ook Jesus noa Jerusalem.

14 Oppem Hoff vom Tempel weere allerhand Händler, dä hebbe Keej, Schoapkes un Duuwe tum Verkeepe anjeboade. Dä wurde als Opferdeere jebruukt. Ook dä Jeldwechsler weere doa un huckde hinder ähre Desche.

15 Doa hett Jesus sich ut e poar Strecke e Pitsch jemoakt un joachd dä alle uttem Tempel rut. Ook dä Schoapkes un dä Keej hett he rutjeschmäte. Dä Jeldstecke vonne Wechsler schmeet he oppe Eerd un kebbd ook ähre Desche om.

16 Dann jing he to dä Duuweverkeeper un hett enne befoahle: „Moakt, dat ju von hier wech koahme, un moakt uttem Huus von minem Foader nich e Treedel- un Veehmarkt.

17 Sine Jünger erinnerde sich an dä Profezeiung utte Schrefft (Psalm 69,10): „Dä Eifer for din Huus ward mi oppfräte."

18 Dä Jude froajde em: „Woher nemmst du di dat Recht, sowat to doone? Wenn du disse Vollmacht von Gott hest, dann zeij ons dat met eenem Wunder!"

19 „Na jood", seggt Jesus, „Ju könne dem Tempel awriete, un eck war em in drei Doaj wedder oppbue."

20 „Wat du nich alles seggst", antwoardede dä Jude. „Et hett sechsunvärzich (46) Joahr jebruukt, om dissem Tempel to bue, un du wellst dat in drei Doaj moake?"

21 Doch Jesus had met „dissem Tempel" sinem eejene Körper je-

meent.

22 Späder, als Jesus vonne Doodje opperstande weer, hebbe sine Jünger sich doaran erinnert, dat he dat jeseggt had. Doa hebbe se em un dem Woord jegloowt.

23 Oppem Passahfest in Jerusalem hett he manche Wunder jedoone, un et weere väle, dä an sinem Noame gloowe deede.

24 Obber Jesus hett sich enne nich anvertruut, wielt he se jekannt hett un wielt he wussd, wie et inne Mensche werklich utsitt.

25 Äwer dä menschliche Natur mott em keiner wat vertelle.

Kapitel 3

Jesus un Nikodemus

1 Et weer schon Nacht jeworde, doa keem e Farisäer met dem Noame Nikodemus to Jesus.

2 He weer eener, der to dem Hohe Roat vonne Jude tojeheerd hett. He säd: „Meister, wi alle weete, dat Gott di to ons jescheckt hett, om ons to beleehre. All dä Wunder, dä du deist, zeije ons kloar an, dat Gott met di öss."

3 Jesus hett em doarob so jeantword: „Eck mott et ganz doll betone, wenn eener nich von nieem jebore öss, kann he nich in dat Riek von Gott renkoahme."

4 „Wat wellst du doamet segge?", froajd Nikodemus noa. „Wie soll dat bloß passeere, dat e ooler Mensch wedder innem Buuk von sine Mutter renkruupe deit un doaterno tum zweite Moal jebore ward?"

5 Jesus säd doarop: „Eck segg di, keiner nich kemmt in dat Riek von Gott, wenn he nich ut Woater un Geist jebore öss."

6 Mensche kenne nur menschlichet Läwe hervoarbringe, der Heilije Geist obber schenkt nieet Läwe, dat von Gott herkemmt.

7 Doarom wunder di nich, dat eck jeseggt hebb, dat ju von nieem jebore ware motte.

8 Dä Wind bruscht, wo he well. Dat kannst du heere, obber du kannst nich segge, von wo he jeroad herkemmt oder wohen he bloase deit."

9 „Obber wie kann dat passeere?", froajd Nikodemus doarop hen.

10 Jesus hett em rutjefordert: „Du best doch eener in Israel, der von alle Lüd als e jrooter Lehrer anjeseehne ward, un trotzdem weetst du dat nich?"

11 „Eck well et jleich kloarstelle, wi rede nur von dem, wat wi weete un jeseehne hebbe, un dat össet, wat wi dann ook to dä andere vertelle. Doch ju welle onserem Rede nich jloowe.

12 Obber, wenn ju nich e moal dat jloowe doone, wenn eck ju von solche Dinge vertell, dä sich hier oppe Eerd awspäle, wi well ju denn dat jloowe, wenn eck ju vertelle do, wat im Himmel passeert?

13 Et öss noch niemoals nich eener tum Himmel hochjestäje, bis opp dem Menschesähn, der vom Himmel her opp dä Eerd jekoahme öss.

14 Un so wie Mose inne Wüst dä Bronzeschlang oppem Poal opjerecht hett, so mott ook de Menschesähn oppjerecht ware,

15 doamet jeder, der an Jesus jloowt, dat ewije Läwe hett.

16 **Gott hett dä Welt so sehr jeleewt, dat he sinem enjeborene Sähn jejäwe hett, doamet alle, dä an em jloowe, nich verloare joahne, sondern dat ewije Läwe hebbe.**

17 Denn Gott hett sinem Sähn nich in disse Welt jescheckt, dat he dä Welt richte deit, sondern dat se dorch em jerett ward.

18 Wer an em jloowe deit, der ward nich jerichd; wer obber nich jloowt, der öss schon jerichd, wielt he nich an dem Noame von dem enjeborene Sähn von Gott jloowe deit.

19 Dat obber öss schon dat Jericht, dat dat Licht inne Welt jekoahme öss und dä Mensche dä Diesternis mehr jeleewt hebbe als dat Licht, denn allet, wat se jedoone hebbe, dat weer bös.

20 Wer Böset deit, der hasst dat Licht un kemmt nich tum Licht. Denn doamet soll oppjedeckt ware, wat dä Mensche inne Welt so omdriewe deit.

21 Wer obber deit, wat dä Woahrheit öss, der kemmt innet Licht ren. Opp disse Wies ward oppjedeckt, dat allet, wat he deit, in Gott jedoone öss."

Johannes bezeujt Jesus

22 Doaterno keem Jesus met sine Jünger in dat Land Judäa. Durt bleew he for e bestemmte Tied un hett jetauft.

23 To disse Tied hett ook Johannes in Änon jetauft, wat dicht bi Salem lijt. Durt jefft et väl Woater. Väle Lüd sent doa henjekoahme, om sich taufe to loate.

24 Dat weer noch bevoar se Johannes innet Jefängnis jeschmäte hade.

25 Doa keem et ook doaterto, dat dä Jünger vonnem Johannes sich met eenem Jud jesträde hebbe. Dä kunne sich nich eenij ware äwer dä Voarschreffte vonne Reinijung.

26 Doaropp hen keeme dä Lüd to Johannes un säde: „Meister, der Mann, der opp jenne Sied vonnem Jordan bi di weer un for dem du di so enjesett hest, der tauft durt jedem, ganz ejal, wer to em kemmt."

27 Doa seggt Johannes: „E Mensch kann sich nuscht nähme, wenn et em nich vom Himmel jejäwe öss.

28 Ju weete doch, dat eck jeseggt hebb: ‚Eck ben nich der Christus. Eck ben man nur doaterto jescheckt, om simem Wech totobereite.'

29 Wer dä Bruut hett, dat öss dä Briedjam. Dä Frind vonnem Briedjam, der doabisteiht un tohorcht, der freit sich jenau so äwerschwenglich, sine Stemm to heere. Un jenau dat öss nu passeert.

30 He mott nu emmer jretter ware, un eck mott torückträde.

31 He öss von boawe jekoahme, un doarom öss he äwer alle Dinge. Eck ben man bloß vonne Eerd, un doarom öss min Denke opp dat bejrenzt, wat hier oppe Eerd passeert. Der obber vom Himmel kemmt, der öss äwer allet.

32 He seggt ons, wat he jeseehne un jeheert hett, obber keiner jloowt em dat.

33 Wer dat obber annemmt, wat he seggt, der steiht doafär en, dat Gott sin Woord niemoals nich omkeppe kann.

34 He öss von Gott to ons jescheckt worde, un doarom öss dat, wat he segge deit, dat Woord von Gott. Gott jefft em sinem Geist, un doarom öss he dorch nuscht bejrenzt.

35 Der Foader hett sinem Sähn leew un hett ook allet in sine Händ jeleggt.

36 **Wer annem Sähn jloowe deit, der hett dat ewije Läwe. Wer obber nich opp dem Sähn heere deit, der ward dat ewije Läwe nich to seehne krieje. Äwer dem bliewt Gott sin Zorn.“**

Kapitel 4

Jesus un dä Samaritanerin

1 Nu kreej dä Herr to weete, dat dä Farisäer to Ohre jekoahme weer, dat Jesus mehr Lüd to sine Jünger jemoakt hett un ook mehr jetauft had als Johannes.

2 Jesus selwst hett obber joarnich jetauft; dat hebbe nur sine Jünger jedoone.

3 Noadem reisd he von Judäa aw un jing wedder noa Galiläa.

4 Et weer nich andersch to moake, dat he doabi ook Samarien dorchquere mussd.

5 Bi disse Wanderung keem he ook an dat samaritanische Derp Sychar voarbi. Dat weer dicht bi jennem Jrundsteck, dat to ooler Tied Jakob sinem Sähn Josef awjejäwe had.

6 Durt weer ook e Bronne ut dä Tied von onsem Stammfoader Jakob. Von dat lange Wandere weer Jesus meed jeworde un doarom hett he sich durt henjehuckt. Et weer jeroad so om dä Meddachstied.

7 Doa keem jeroad e Fru ut Samarien hier an, om Woater to hoale. Doa seggt Jesus to ähr: „Jeff me ook wat to drinke!”

8 Dä Jünger weere jroad innet Derp jejange, om wat to äte to keepe.

9 Dat Jesus dä samaritanische Fru anjesproake hett, doaräwer weer se total äwerrascht, denn sonst welle dä Jude met dä Samariter nuscht to doone hebbe. Se seggt: „Du best e Jud, un eck ben eene Samaritanerin. Wie kemmt dat, dat du von mi verlangst, dat eck di wat to drinke jäw?“

10 Doaropp seggt Jesus to ähr: „Wenn du ook nur oahne michst, wat Gott di tojedacht hett un wenn du wüssd, wer dat öss, der to di jeseggt hett ‚Jeff mi ook wat to drinke‘, – denn würdsd du em

froaje, ob he di nich lebendijet Woater jäwe kann."

11 Doa seggt se to em: „Herr, du hest noch nich e moal e Seil oder e Emmer, un disser Bronne öss doch ganz doll deep. Wie wellst du doa an dat lebendije Woater rankoahme?

12 Du best doch nich mehr als onser Stammfoader Jakob, der ons dem Bronne jejäwe hett. He hett schon doarut jedrunke un ook sine Kinder und dat Veeh."

13 Jesus säd doaropp: „Jeder, der von dissem Woater drinke deit, dem ward ook wedder derschte.

14 Wer obber von dissem Woater drinke deit, dat eck em jäw, dem ward in alle Ewichkeit nich mehr derschte. Dat Woater, dat eck em jäw, öss e Quell, dä niemoals nich versieje ward; dä horcht nich opp, Woater to jäwe bis in alle Ewigkeit."

15 Doa seggt dä Fru to em: „Herr, denn jeff mi doch von dem Woater, doamet mi nich mehr derschte deit un eck nich mehr hier henkoahme mott, om Woater to hoale!"

16 Jesus seggt to ähr: „Joah hen, un roop dinem Mann, un denn koahm wedder hier her."

17 Dä Fru säd: „Eck hebb keinem Mann nich." Seggt Jesus: „Du hest mi dä rechtije Antwoort jejäwe, dat du keinem Mann nich hest.

18 Fünf Männer hest du jehatt, un dem, dem du jetzt hest, öss nich din Mann. Et stemmt jenau, wat du seggst."

19 Dä Fru seggt: „Nu verstoah eck, dat du e Profet best.

20 Onse Voarellere hebbe oppem Barj anjebäd, un ju Jude segge, dat Jerusalem der eenzije Platz öss, wo man anbäde kann."

21 Jesus seggt to ähr: „Fru, jloow mi, et kemmt dä Tied, doa war ju nich oppem Barj un ook nich in Jerusalem tum Foader bäde.

22 Ju weete nich, wat ju anbäde; wi obber weete, wat wi anbäde; denn dat Heil kemmt nu e moal vonne Jude.

23 Obber et kemmt dä Tied un öss schon jetz, doa ware dä woahre Anbäder tum Foader im Geist un inne Woahrheit bäde. Un jenau solche Lüd well der Foader hebbe, dä em so anbäde doone.

24 Gott öss Geist, un dä em anbäde, dä solle dat im Geist un inne Woahrheit doone."

25 Doaropp seggt dä Fru: „Joa, eck weet, dat der Messias koahme

ward, dem se Christus nenne doone. Wenn der eerscht e moal jekoahme öss, der ward ons allet vertelle."

26 Seggt Jesus to ähr: „Dat ben eck, der met di jroad rede deit."

27 In dem Oojenblick keeme sine Jünger torück. Se wunderte sich doaräwer, dat he met eene Fru gesproake hett. Obber keiner hett em gefroajt: „Wat wellst du von ähr?" Oder: „Woräwer do ju spräke?"

28 Doa leet dä Fru ährem Kroj stoahne un rennd schnell innet Derp un vertelld dä Lüd:

29 „Kommt schnell met mi met un kickd sich dem Mann an, der mi allet jeseggt hett, wat eck jedoone hebb, ob dat nich der Messias öss!"

30 Dä Lüd uttem Derp keeme foorts met, om em to seehne.

31 Dä Jünger bedrängte em: „Nu ät doch eerscht moal wat!"

32 Doaropp seggt he: „Eck hebb wat anderet to äte, wovon ju noch nuscht weete."

33 Doa flüsterde dä Jünger undernander: „Hett em vielleicht een anderer wat to äte jebrocht?"

34 Jesus erklärd enne: „Eck läw daovon, dat eck dem Welle von dem do, der mi jescheckt hett un dat eck sin Werk to End bringe war.

35 Segg ju et nich jenau so: ‚Et sent noch vier Monat, un denn öss Kornaus'? Kickd sich doch e moal rechtig om, wat ju oppe Felder seehne. Dat Korn öss schon so riep, dat et jeerntet ware kann.

36 Dä Ernteoarbeider krieje ährem Lohn, un dä Früct, dä se ensammele, sent Mensche, dä se tum ewije Läwe henfeehre. Wat öss dat bloß forre Freud for alle beide; der eene hett dä Soat utjestreit, un der andere hett dä Ernt enjefoahre.

37 Ju kenne doch dem Spruch: ‚Der eene streit dä Soat ut, un der andere hett sich inne Ernt verdingt.'

38 Eck hebb ju bestellt, dat ju doa ernte joohne, wo ju sich nich awjerackert hebbe. Andere hebbe doa schon ähre Kraft enjesett, un dat kemmt ju nu tojood."

39 Väle von dä Samariter, dä uttem Derp jekoahme weere, sent tum Jloowe jekoahme. Dat keem doaher, wielt dä Fru enne vertellt had, dat Jesus ähr allet jeseggt hett, wat se jedoone had.

40 Eenije von dä Samariter hebbe em enjeloade, doch noch bi enne to bliewe. He hett sich äwerrede loate un bleew noch zwei Doaj bi enne.

41 Un noch väl mehr hebbe opp sine Botschaft jeheert un keeme ook tum lebendije Jloowe.

42 Doa säde se to dä Fru: „Von nu an jloow wi nich mehr, wielt du ons dat jeseggt hest. Nu jloow wi doarom, wielt wi em selwst jeheert hebbe un ut sinem Woord verstande hebbe: ‚Disser öss werklich der Heiland for onse Welt.'"

Wie dat Kind von dem keenichliche Knecht jesund wurd

43 Als dä zwei Doaj voarbi weere, jing he noa Galiläa.

44 Jesus had selwst e moal jeseggt: „Een Profet ward äwerall jeehrt, bloß nich doa, wo he to Hus öss."

45 Als he in Galilä ankeem, hebbe se em sehr herzlich oppjenoahme. Dä Lüd ut Galiläa hade schon allet jeseehne, wat he oppem Fest in Jerusalem jedoone had, denn se weere ook durt jewäse.

46 An eenem Dach keem he wedder noa Kana, wo he dat Woater to Wien jemoakt had. Un doa weer e Mann, der bim Keenich anjestellt weer. Sin Sähn weer krank un woahnd in Kapernaum.

47 Der hett doavon jeheert, dat Jesus von Judäa wedder noa Galiläa torück jekoahme weer. Doa hett he sich jleich von Kapernaum ut oppe Wech jemoakt, om Jesus opptoseeke. He hett em doarom jebäd, ob he nicht jleich metkoahme kann, om sinem Sähn jesund to moake, denn he öss starwenskrank.

48 Jesus säd: „Wenn ju nich Zeichen un Wunder seehne, denn jloow ju nich."

49 Doa säd dä Mann to em: „Herr, komm doch unbedingt met, bevoar min kleiner Jung starwe deit."

50 Jesus säd doarop hen: „Joah man ruhig noa Hus, din Jung bliewt am Läwe." Dä Mann hett dat so jejloowt, wie Jesus et jeseggt had un jing ook foorts noa Kapernaum torück.

51 He weer noch joar nich lang underwechs, doa keeme sine Knechte em schon entjäjen und säde: „Din Kind läwt."

52 Doa hett he noajefroajd, von wenn an et met em besser jeworde

öss. Dä säde: „Dat weer jister Meddach so jäjen ein Uhr, von doa an weer dat Feewer wech."

53 Doa wurd et dem Foader kloar, dat Jesus jroad to dä selwije Stund to em jeseggt had: „Din Sähn bliewt am Läwe." Von nu an jloowd he un ook sine ganze Familie.

54 Dat weer nu dat zweite Wunder, dat Jesus vollbracht had, als he von Judäa noa Galiläa keem.

Kapitel 5

E Kranker ward jesund am Diek Betesda

1 Doamoals hade dä Jude e Fest, un doarom jing Jesus noa Jerusalem.

2 In Jerusalem jefft et dicht bim Schoapsdoor e Diek. Dä heet opp Hebräisch Betesda. Un doa weer een Hus met finf Halle.

3 Doa leeje väle kranke Lüd: Blinde, Loahme un ook solche, dä vonne Schwindsucht befalle weere.

5 Doarunder weer ook e Mann, der ununderbroake achtundreißich (38) Joahr krank weer.

6 Als Jesus em so ligge jeseehne hett un metbekeem, dat he schon so lang doa weer, frojd he em: „Wellst du jesund ware?"

7 Der Kranke säd: „Ach Herr, wenn dat Woater sich beweje deit, denn hebb eck keinem nich, der mi toeerscht to dem Diek henbringe deit. Bis eck ankoahm, öss schon längst e anderer voar mi dren."

8 Doa seggt Jesus to em: „Stoah opp, nemm din Bed un jo noa Hus!"

9 In demselwije Oojenbleck weer disser Mensch jesund. He neehm sin Bed un jing. Nu keem dat so hen, dat an dem Dach jeroad Sabbat weer.

10 Doa säde dä Jude to dem, der jeroad jesund jeworde weer: „Hiet öss Sabbat, un doa darfst du din Bed nich droaje."

11 He jeew tur Antwoort: „Der mi jesund jemoakt hett, säd to mi: ,Nemm din Bed un joah!'"

12 Doa froajde se: „Wer öss der Mensch, der to di jeseggt hett:

‚Nemm din Bed un joah'?"

13 Der obber, der jesund jeworde weer, wussd nich, wer dat weer; denn Jesus had sich davon jemoakt, wielt so väl Lüd an dissem Platz weere.

14 E Wielke späder hett Jesus em im Tempel anjetroffe, un doa säd he to em: „Merk et di jood, du best jesund jeworde, nu horch opp to sündije, doamet di nich noch wat Schlemmeret passeere deit."

15 Dann jing disser Mensch to dä Jude un vertelld enne, dat et Jesus weer, der em jesund jemoakt had.

16 Doaropp hen weere se noa em her, wielt he dat am Sabbat jedoone had.

17 Jesus säd enne: „Min Foader hett bis hiete nich oppjehorcht to wirke, un eck do dat ook."

18 Nu weere dä Jude noch mehr hinderher, om em omtobringe. Dat weer nich nur, wielt he dem Sabbat jebroake had, sondern ook deswejen, wielt he jeseggt had, dat Gott sin Foader öss, un doamet hett he sich met Gott jleich jemoakt.

Dä Vollmacht von Jesus

19 Jesus jeew enne tur Antwoort: „Dat well eck ju segge: ‚Der Sähn kann nuscht ut sich herut doone, sondern nur dat, wat he bim Foader seehne deit. Un dat, wat der Foader deit, dat deit der Sähn jroad jenauso.

20 Denn der Foader hett dem Sähn leew un zeijt em allet, wat he deit un ward em noch jrettere Werke zeije, so dat ju sich noch wundere ware.

21 Denn wie der Foader dä Doodje wedder innet Läwe torückbringt, so moakt ook der Sähn lebendich, welche he well.

22 Denn der Foader deit keinem richte, sondern dat ganze Jericht hett he dem Sähn äwerjäwe.

23 Doarom solle se ook alle dem Sähn Ehr erwiese, so wie se dat met dem Foader doone. Wer dem Sähn nich ehrt, der ehrt ook dem Foader nich, der em jescheckt hett.

24 Nu segg eck ju wat ganz Wichtijet: ‚**Wer opp min Woord heere deit un an dem jloowt, der mi jescheckt hett, der hett dat ewi-**

je Läwe un öss vom Jericht befreit, denn he öss uttem Dood int Läwe dorchjedrunge.'

25 Bedenkt, et kemmt dä Stund un öss schon jetz, dat dä Doodje dä Stemm von dem Sähn von Gott heere ware. Un jenne, dä se heere ware, koahme tum Läwe.

26 So wie der Foader dat Läwe in sich selwst hett, so hett ook der Sähn dat Läwe in sich selwst.

27 Der Foader hett em dä Vollmacht jejäwe, dat Jericht awtohoole, wielt he de Menschesähn öss.

28 Wundert sich nich doaräwer: Et kemmt dä Stund, doa ware alle, dä oppem Kerchhoff ligge, sine Stemm heere.

29 Dann ware alle wedder rutkoahme, un jenne, dä Joodet jedoone hebbe, opperstoahne tum Läwe, dä andere obber, dä dat Böse je-doone hebbe, ware opperstoahne tum Jericht.

30 Ut mi selwst herut kann eck nuscht doone. Min Jericht stemmt voll äwereen met dem Welle von minem Foader, un et ward doa-rom vollkommen jerecht sen."

Wer öss der Sähn?

31 „Wenn eck to ju nur von mi selwst vertelle micht, denn würd ju dat nich for würdich befinde, dat to jloowe.

32 Doarom steiht een anderer for mi en, un he vertellt von mi. Un dat, wat he von mi seggt, dat öss dä ganze Woahrheit.

33 Ju hebbe e poar Lüd to Johannes jescheckt, un he hett ju dä Woahr-heit jeseggt.

34 Eck bruuk kein Zeuchnis von Mensche, eck erwähn dat nur, doa-met ju jerett ware.

35 He weer werklich e Licht, dat mit hellem Schien brennd, obber ju wullde sich nur for e korze Tied doaräwer freie.

36 Eck hebb noch e dietlicheret Zeuchnis als dat, wat Johannes von mi jejäwe hett. All jenne Werke, dä mi der Foader äwerdroaje hett to doone, dä moake et kloar for ju, dat eck vom Foader jescheckt ben.

37 Der Foader, der mi jescheckt hett, öss selwst met sinem Zeuchnis for mi enjetroade. Ju hebbe niemoals nich sine Stemm jeheert,

ook hebb ju nich sine Jestalt jeseehne.

38 Ook sin Woord hebb ju nich als wat Bliewendet in ju, wielt ju dem nich jloowe, dem he jescheckt hett.

39 **Ju dorchforsche dä Schrefft, wielt ju denke, doaren dat ewije Läwe to finde, un et stemmt jenau, all dä Schreffte rede von mi.**

40 Obber trotzdem well ju nich to mi koahme, om dat Läwe to hebbe.

41 Ehr von Mensche nähm eck nich an,

42 välmehr hebb eck erkannt, dat dä Leew to Gott nich in junem Herz öss.

43 Eck ben jekoahme im Noame von minem Foader, un ju nähme mi nich an. Wenn een anderer in sinem eejene Noame koahme ward, dem war ju annähme.

44 Wie well ju tum Jloowe koahme, wenn ju sich eener vom andere beehre loate un ju nuscht an dä Ehr jeläje öss, dä vom alleenije Gott kemmt?

45 Denkt joa nich, dat eck ju bim Foader verkloaje war. Et öss een ganz anderer, der ju verkloaje ward, un dat öss Mose, opp dem ju hoffe doone.

46 Wenn ju werklich Mose jloowe michde, wat he jeseggt hett, denn müssd ju ook mi jloowe, denn he hett von mi jeschräwe.

47 Wenn ju obber nich jloowe, wat he jeschräwe hett, wie well ju denn minem Woord jloowe?"

Kapitel 6

Finfduusend ware satt

1 Doaternoa moakd Jesus sich oppe Wech to dä andere Sied vom Galiläische Meer, dat ook See von Tiberias heet.

2 Doahen hett et ook väle Mensche henjetoaje, wielt se dä Wunder jeseehne hade, dä he an Kranke jedoone had.

3 Jesus obber jing oppe Barj ropp un huckd sich durt met sine Jünger hen.

4 Et weer jroad dä Tied korz voar dem jidische Passahfest.

5 Als Jesus so om sich kickd, entdeckd he e jroote Menschemeng, dä to em henjekoahme weer. Doa seggt he to Philippus: „Wo könn wi Brot keepe, doamet wi dä Lüd wat to äte jäwe könne?"

6 Dat hett he nur deshalb so jefroajd, wielt he em priefe wulld. He selwst wussd schon, wat he sich to doone voarjenoahme had.

7 Philippus säd: „For dä zweihundert (200) Selwergrosche Brot to keepe, reekt joa noch nich e moal hen, dat jeder e kleenet Steckchke awkrieje kann."

8 Doa säd Andreas, dat weer eener von sine Jünger un ook der Brooder von Simon Petrus, to Jesus:

9 „Hier öss e Jung met finf Gerstebroode un zwei Fesch, obber wat öss dat schon for so väle Lüd?"

10 Jesus säd: „Loat sich all dä Lüd henhucke." Doa weer väl Jras an dissem Platz. So om dä finfduusend Männer hebbe sich durt jeloajert.

11 Nu neehm Jesus dä Broode inne Hand un hett dat Dankjebäd jesproake un leet dat Brot under dä Lüd, dä sich jeloajert hade, utdeele. Un jenau so hett he dat ook met dä Fesch jemoakt.

12 Noadem se alle satt jeworde weere, seggt Jesus to sine Jünger: „Sammelt dat Äwrigjebläwene opp, doamet nuscht omkoahme deit."

13 Doa sammelde se dä Brocke opp, dä vonne 12 Gerstebroode noa dem Äte noch äwrig jebläwe weere, un dat weere zwölf jefüllte Kerw.

14 Als dä Lüd disset Wunder meterläwt hade, wurd enne kloar: „Disser öss werklich e Profet, der in onse Welt koahme soll."

15 Nu spürd Jesus, dat se em packe wulle un tum Brotkeenich moake wullde. Sojleich hett he sich oppem Barj bejäwe, wo he ganz alleen weer.

Jesus oppem See

16 Als et nu anfing schummrich to ware, doa jinge sine Jünger annem See

17 un sent in een Boot jeklettert, om doamet noa Kapernaum to foahre. Inzweschen weer et schon diester geworde, obber Jesus weer

durt noch nich anjekoahme.

18 Doa keem e jrooter Storm opp, der dem See oppjeweehlt had.

19 Als se nu schon so eene Stund underwechs weere, hebbe se Jesus oppem Woater joahne seehne, un he keem emmer dichter an dat Boot ran. Doa kreeje se et mette Angst to doone.

20 He hett se jleich beruhigt: „Hebbt doch keine Angst, dat ben eck doch!"

21 Se wullde em in dat Boot met rennähme, obber in demselwije Moment weer dat Boot schon an Land, wo sen hen wullde.

Jesus dat Läwensbrot

22 Am nächste Dach stunde dä Lüd oppem jenseitije Ufer un hebbe sich doavon äwerzeujt, dat durt kein anderet Boot weer als dat eene, met dem dä Jünger jekoahme weere, obber Jesus weer nich dren. Dä Jünger weere alleen met dem Boot awjefoahre.

23 Un opp eenmoal keeme noch andere Boote von Tiberias her to jennem Platz hen, wo dä Lüd dat Brot jejäte hade, noadem de Herr dat Dankjebäd jesproake had.

24 Als dä Lüd nu jeseehne hebbe, dat Jesus un ook dä Jünger nich doa weere, sent se wedder in ähre Boote jestäje un sent noa Kapernaum jefoahre, om Jesus durt to finde.

25 Als se em am andere Ufer jefunde hade, froajde se: „Rabbi, wenneer best du hier anjekoahme?"

26 Jesus jeew enne tur Antwoort: „Dat well eck ju man dietlich segge, ju hebbe mi nich oppjesocht, wielt ju e Zeichen jeseehne hebbe, sondern wielt ju von dem Brot jejäte hebbe un doavon satt jeworde sent."

27 Loopt nich noa jennem Brot hinderher, dat verjänglich öss. Seht man to, dat ju dat Brot krieje, dat bliewend öss tum ewije Läwe. Dat ward ju der Menschesähn jäwe, denn doaropp öss dat Siejel von Gott, dem Foader.

28 Doa froajde se: „Wat mott wi denn oppstelle, dat wi dat doone könne, wat Gott well?"

29 Jesus säd doaropp: „Dat lett sich korz segge: Et öss dat Werk von Gott, dat ju an dem jloowe, dem he jescheckt hett."

30 Doa säde se to em: „Wat for e Zeichen deist du, dat wi an di jloowe könne? Womet kannst du di utwiese?

31 Onse Voaröllere hebbe innne Wüst dat Manna jejäte. So steiht dat doch jeschräwe: ‚He jeew enne Brot vom Himmel to äte.'"

32 Jesus säd: „Dat mott ju bedenke: Nich Mose hett ju dat Brot vom Himmel jejäwe, sondern min Foader jefft ju da woahre Brot vom Himmel.

33 Denn dat Brot von Gott öss dat, wat vom Himmel kemmt un disset Brot jefft for dä Welt dat Läwe."

34 Doa säde se: „Herr, denn jeff ons doch to alle Tied solchet Brot."

35 Jesus erklärd enne: „**Eck ben dat Brot tum Läwe. Wer to mi kemmt, dem ward nich mehr hungere; un wer an mi jloowt, dem ward niemoals nich mehr derschte.**"

36 „Hebb eck ju nich schon emmer jeseggt: Ju hebbe mi emmer jeseehne, obber jloowe do ju trotzdem nich.

37 Jeder, dem der Foader mi jäwe deit, der ward ook to mi koahme, un jeder, der to mi kemmt, dem scheck eck nich vorre Där.

38 Eck ben vom Himmel jekoahme, nich doamet eck minem Welle utfeehre do, sondern dem Welle von dem do, der mi jescheckt hett.

39 Un dem sin Welle, der mi jescheckt hett, öss disser: dat eck keinem von jenne, dä he mi jejäwe hett, verleere do, sondern dat eck se alle am Jüngste Dach opperwecke do.

40 Dat öss dä Welle von minem Foader, dat, wer dem Sähn seehne deit un an em jloowt, dat ewije Läwe hett. Eck war em opperwecke am Jüngste Dach."

41 Doa ärjerde se sich äwer em, wielt he jeseggt had: „Eck ben dat Brot, dat vom Himmel jekoahme öss."

42 Se säde: „Öss disser nich Jesus, der Sähn von Josef, sin Foader un sine Mutter kenn wi doch alle? Wie kemmt he denn bloß doaterto, von sich to segge: „Eck ben vom Himmel jekoahme"?

43 Jesus säd doaropp: „Ärjert sich nich undernander doaräwer.

44 Keiner kann to mi koahme, wenn der Foader, der mi jescheckt hett, em nich teene deit. Eck war em am Jüngste Dach opperwecke.

45 Bi dä Profete steiht jeschräwe (Jesaja 54,13): ,Se ware alle von Gott jeleehrt sen.' Wer vom Foader hört un von em jelernt hett, der kemmt ook to mi.

46 Et öss nich so, dat eener von ju dem Foader jeseehne hett. Dat öss nur eener, der von Gott jekoahme öss, un nur disser hett dem Foader jeseehne.

47 Eck beton et noch e moal: ,**Wer gloowt, der hett dat ewije Läwe.'**

48 Eck ben dat Brot forret Läwe.

49 June Voaröllere hebbe inne Wüst dat Manna jejäte, un se sent jestorwe.

50 Hier doajäjen öss dat Brot, dat vom Himmel jekoahme öss.

51 Wer von dissem Brot äte deit, der ward läwe in Ewichkeit."

52 Doa kreeje dä Jude sich inne Woll un säde: „Wie soll dat bloß anjoahne, dat wi von sinem Fleesch äte solle?"

53 Jesus hett dat ganz doll betont: „Wenn ju nich dat Fleesch vom Menschsähn äte doone un nich von sinem Blood drinke, denn hebb ju ook kein Läwe in sich selwst.

54 Wer min Fleesch äte deit un min Blood drinkt, der hett dat ewije Läwe, un eck war em opperwecke am Jüngste Dach.

55 Denn min Fleesch öss dä woahre Speis, un min Blood öss dä woahre Drunk.

56 Wer min Fleesch äte deit un min Blood drinkt, der blefft en mi un eck in em.

57 Min Foader hett mi to ju jescheckt. So wie min Foader dat Läwe in sich selwst droaje deit un eck om sinetwelle ook dat Läwe droaje do, so ward ook der, der mi äte deit, dat Läwe hebbe om minetwelle.

58 Ditt öss dat Brot, dat vom Himmel jekoahme öss. Dat öss nich so wie bi dä Voaröllere, dä jejäte hebbe un doch jestorwe sent. Wer disset Brot äte deit, der ward läwe in alle Ewichkeit."

59 Dat allet hett he jeseggt in dä Synagog von Kapernaum.

Dä Jünger uneens

60 Väle von sine Jünger, dä dat jeheert hade, säde: „Dat öss ons e

doll harte Red; wer kann sich dat anheere?"

61 Jesus merkd, dat sine Jünger doaräwer oppjeschichert weere, un doarom säd he: „Woarom ärjer ju sich doaräwer?

62 Wie ward dat denn sen, wenn ju dem Menschesähn ware oppfoahre seehne, durthen, von woher he jekoahme weer?

63 Der Geist össet, der doa lebendich moakt; dat Fleesch helpt doa nuscht. Min Woord, dat eck to ju jered hebb, dat öss Geist un Läwe.

64 Under ju jefft et eenije, dä jloowe nich." Jesus wussd von Anfang an, wer disse sent, dä nich jloowe, un ook, wer em verroade ward.

65 He säd noch: „Doarom hebb eck to ju jeseggt: Keiner kann to mi koahme, wenn em dat nich von minem Foader jejäwe öss."

Dat kloare Bekenntnis vom Petrus

66 Von doa an jinge väle von sine Jünger von em wech. Se wullde nuscht mehr von em weete un jinge ook nich mehr met em met.

67 Doaropp säd Jesus to dä Zwölf: „Well ju ook wechjoahne?"

68 Doaropp jeew Simon Petrus e klaore Antwoord: **„Herr, wohen soll wi denn johne? Nur du hest dat Woord, dat dat ewije Läwe utmoakt;**

69 ons öss dat kloar jeworde, dat du der Heilije von Gott best."

70 Jesus säd: „Hebb eck nich zwölf utjesocht, un eener von ju öss e Diewel."

71 He meent Judas doamet, dem Sähn von Simon Iskariot. Der hett em späder verroade, obwohl he eener von dä Zwölfe weer.

Kapitel 7

1 Doaternoa wanderd Jesus hen un her in Galiläa. He wull nich in Judäa romteene, wielt dä Jude em noa dem Läwe noajestellt hebbe.

2 Dä Tied weer dicht dran am Laubhüttefest.

3 Doa säde sine Breeder to em: „Moak di von hier opp un joah noa Jerusalem, doamet ook dine Jünger all dat seehne könne, wat du deist.

4 Keiner moakt im Stelle so voar sich henn, wenn em daran jeläje öss, dat dä Lüd doavon weete solle. Wenn du dat also wellst, denn zeij di voar allem Volk."

5 Noch nich e moal sine Breeder hebbe an em jejloowt.

6 Jesus säd enne: „Mine Tied doafär öss noch nich jekoahme. Bi ju sitt dat andersch ut.

7 Dä Welt kann ju nich hasse, obber mi hasst se. Eck segg enne kloar oppe Kopp, dat dat, wat se doone, in Gottes Ooje nich bestoahne kann.

8 Joaht ju man to dem Fest hen. Eck war nich henjoahne, denn for mi öss dä Tied doafär noch nich jekoahme."

9 Dat säd he un bleew in Judäa.

10 Als sine Breeder tum Fest awjereist weere, doa moakd he sich ook oppe Wech. He hett sich obber nich to erkenne jejäwe.

11 Dä Jude wullde em obber oppspeere un hebbe jefroachd: „Wo öss he denn?"

12 In dä jroote Volksmeng hebbe se väl äwer em palawert. Manche säde: „He öss e jooder Mann." Andere wedderom hebbe fest behauptet: „He verfeehrt dat Volk."

13 Keiner obber hett dat dietlich von sich jejäwe, wielt se Angst vorre Jude hade.

Jesus oppem Fest

14 Als dä halwe Festwoch schon voarbi weer, doa jing Jesus innem Tempel un hett durt jeleehrt.

15 Dä Jude wunderte sich un säde: „Wat weet he doch so jood inne Schrefft bescheed un hett dat äwerhaupt nich studeert?"

16 Jesus erklärd enne dat: „Wat eck hier leehre do, dat öss nich von mi selwst; dat hebb eck von dem, der mi jescheckt hett.

17 Wenn eener sinem Welle deit, dem ward doabi kloar ware, ob disse Lehr von Gott öss oder ob eck von mi selwst rede do.

18 Wer von sich selwst rede deit, dem jeiht et um dä eejene Ehr. Wem dat obber om dem sine Ehr to doone öss, der em jescheckt hett, dat öss e opprechter Mann, dem et nich om sinem eejene Voardeel jeiht.

19 Hebb ju nich von Mose dat Jesetz jekräje? Un keiner von ju kemmert sich om dat Jesetz. Woarom well ju mi denn omme Sied bringe?"

20 Doa säde dä Lüd: „Du hest woll nich ganz dine Senne bisamme. Wer well di woll besiedije?"

21 Jesus hett enne voarjehoole: „Een eenzijet Wunder hebb eck hier jedoahne, un ju alle hebbe jroote Ooje jemoakt.

22 Mose hett ju dä Beschniedung jejäwe – nich dat se von Mose keem, sondern vonne Voaröllere – un ju hebbe dä Mensche ook am Sabbat beschnäde.

23 Wenn nu e Mensch am Sabbat dä Beschniedung empfange kann, doamet dat Jesetz nich jebroake ward, woarom sent ju opp mi besterbastich, wenn eck am Sabbat dem ganze Mensch jesund jemoakt hebb?

24 Dood doch dä Lüd nich doaternoa beurteile wie et noa buute schiene deit; dood et doch oppe jerechte Oart."

25 Doa weere etliche Lüd ut Jerusalem un dä säde: „Öss dat nich der Mann, dem se noa dem Läwe trachte?"

26 Kick e moal her: „Der stellt sich nu hier so hen un kann allet frei herut rede, wat he well. Un keiner stellt sich em doajäjen. Össet onse Boawere nu pletzlich kloar jeworde, dat he der Messias öss?

27 Von dissem Mann weet wi doch, woher he kemmt. Wenn obber der Messias koahme ward, dann weet keener, wo he herkemmt."

28 Doa hett et Jesus im Tempel luut utjeroope: „Joa, ju kenne mi un ju weete, woher eck jekoahme ben. Eck ben nich ut eejene Stecke jekoahme. Doa öss werklich eener, der mi jescheckt hett, obber dem kenn ju nich.

29 Eck kenn em, denn eck ben von em, un he hett mi jescheckt."

30 Doa stellde se allet an, om em to jriepe, obber keiner hett tojepackt. Dat leej doaran, dat sine Tied noch nich jekoahme weer.

31 Obber väle uttem Volk jloowde an em un säde: „Wenn der Messias koahme ward, denk ju, he ward dann noch mehr Wunder doone als disser Mann?"

32 Als dä Farisäer to Ohre keem, dat he bi dä Lüd dat beherrschende Jesprächsthema öss, doa scheckde dä Hohpriester un Farisäer

Deener ut, om em to jriepe.

33 Doaropp säd Jesus: „Eck ben nur noch e Wielke bi ju, un denn joah eck to dem, der mi jescheckt hett.

34 Ju ware verseeke, mi to finde, obber ju ware mi nich finde; un doa, wo eck ben, doa könn ju nich hen."

35 Doa säde de Farisäer toeenander: „Wohen well he denn joahne, dat wi em doa nich finde könne? Well he denn to jenne Lüd henjoahne, dä mang dä Jrieche woahne un denn dä Jrieche beleehre?

36 Wat soll dat bloß bediede, wat he doa jesegt hett: ‚Ju ware verseeke, mi to finde, obber ju ware mi nich finde; un doa, wo eck ben, doa könn ju nich hen'"?

37 Am letzte Dach von dem Fest, welcher der jrettste weer, doa hett sich Jesus to Woord jemeld un säd: „Wer dersch hett, der kann to mi koahme un drinke!

38 **Wer so an mi jloowe deit, wi et in dä Schrefft jesegt öss, von dem sin Liew ward lebendijet Woater in Hüll un Füll utjoahne."**

39 Dat säd he von dem Geist, dem däjenige krieje solle, dä an em jloowe. Disser Geist weer noch nich doa, wielt Jesus noch nicht verherrlicht weer.

E Dorcheinander im Volk

40 Nu säde manche von dä Lüd, dä disset Woord jeheert hade: „Disser Mann öss ganz jewess e Profet."

41 Andere säde: „Dat öss der Messias." Noch andere keeme doaropp: „Soll der Messias ut Galiläa koahme?

42 Seggt dä Schrefft nich, dat he von David un sine Sipp un ut Bethlehem koahme soll? Doa, wo David herkemmt, von doa soll ook der Messias koahme."

43 So kunne sich dä Lüd nich eenich ware.

44 Manche wullde em oppjriepe, obber keiner het sine Hand anjeleggt.

45 Doa keeme dä Deener wedder to dä Hohepriester un Farisäer, un dä froajde: „Woarom hebb ju em nich metjebrocht?"

46 Dä Deener jeewe tur Antwoort: „Noch nie hett een Mensch so

jesproake wie disser spräke deit."

47 Doaropp hebbe dä Farisäer jeseggt: „Hebb ju sich ook Sand inne Ooje streie loate?

48 Öss denn doa ook eener von dä Boawere oder eener von dä Farisäer tum Jloowe an em jekoahme?"

49 Nei, nur dat jemeine Volk, dat vom Jesetz nuscht versteiht; verflucht sent se.

50 Doa säd Nikodemus, der freeher e moal to Jesus jekoahme weer un ook eener von jenne weer:

51 „Deit denn onser Jesetz eenem Mensch verurteile, ohne dat man em toeerscht verheert hett un sine Schuld festjestellt hett?"

52 Se antwordete em: „Kemmst du vielleicht ook ut Galiläa? Bedenk doch un bejriep, dat ut Galiläa kein Profet koahme kann."

53 Un alle jinge noa Hus.

Kapitel 8

1 Jesus obber jing tum Ölbarj.

2 Freeh am Morje keem he wedder tum Tempel hen, un all dä Lüd jinge to em. He huggd sich hen un hett se geleehrt.

Jesus un dä Fru, dä fremdjejange weer

3 Doa keeme dä Schrefftjeleehrte un Farisäer un brochde e Frau to em. Dä hade se bim Ehebruch jejräpe, un nu stellde se dä Fru in ähre Medd.

4 Doa säde se to em: „Meister, disse Fru hebbe se ganz fresch bim Ehebruch jepackt.

5 Im Jesetz von Mose steiht doch jeschräwe, dat solche Frues jesteinigt ware solle. Wat seggst du nu doaterto?"

6 Dat hebbe se so jeseggt, wielt se em e Fall stelle wullde. Dann michde se e Jrund hebbe, om em to verkloaje. Obber Jesus hett sich noa unde jebeckt un innem Sand jeschräwe.

7 Doa hebbe se em bedrängt un emmer wedder jefroajd. Doa stund he opp un säd to enne: „Wer von ju ganz ohne Sünd öss, der darf mettem eerschte Steen tum Beschmiete anfange."

8 Doa beckd he sich wedder un schreew oppe Eerd.

9 Als se disset Woord jeheert hade, doa hebbe se sich alle davon je-
moakt – eener noa dem andere, dä Öllere toeerscht. Noa e Wielke
weer Jesus nur noch ganz alleen met dä Fru doa. Se stund emmer
noch an dä selwije Stell.

10 Jesus stelld sich nu wedder hen un foajd dä Fru: „Wo sent dä denn
alle jebläwe? Hett di keiner verdammt?"

11 Se säd: „Keiner nich, Herr." Doa säd Jesus to ähr: „Na denn war
eck di ook nich verurteile. Nu joah wedder, obber loat di nich
wedder vonne Sünd äwerrumpele."

Jesus dat Licht vonne Welt

12 Oppet Niee hett Jesus to enne jesproake: „Eck ben dat Licht forre
Welt. Wer met mi jeiht, dem sin Wech jeiht nich innet Diestere,
sondern he hett dat Läwenslicht."

13 Doa säde de Farisäer to em: „Du spräkst von di selwst, un doarom
öss dat, wat du seggst, nich woahr."

14 Doaropp hett Jesus enne jeseggt: „Ook, wenn eck von mi selwst
rede do, so öss et doch woahr, wat eck segg. Eck weet, woher
eck jekoahme ben un wohen eck johne war; obber ju weete nich,
woher eck koahm un wohen eck joah.

15 Ju bekicke allet met Menscheooje, eck obber huck bi keinem nich
to Jericht.

16 Un wenn eck richte do, denn do eck dat opp jerechte Oart, denn
eck ben et nich alleen, der dat deit, sondern eck un der Foader, der
mi jescheckt hett.

17 So steiht et doch ook im Jesetz jeschräwe, wenn zwei Lüd datsel-
wije utsegge doone, dann öss dat woahr.

18 Eck ben et, der von sich selwst rede deit, un der Foader, der mi
jescheckt hett, stemmt dem voll to."

19 Doa froajde se: „Wo öss din Foader?" Jesus säd: „Ju kenne mi
nich un minem Foader ook nich. Wenn ju mi kenne michde, dann
würd ju ook minem Foader kenne."

20 Dat säd he bi dä Schatzkoamer, als he im Tempel leehre deed.
Keiner packd em, denn sine Stund weer noch nich jekoahme.

Dä Wech tur Erhöhung

21 Un wedder het he to enne jesproake: „Eck joah wech, un ju ware mi seeke, un ju ware in june Sünd starwe. Wo eck henjoah, doa könn ju nich henkoahme."

22 Doa säde de Jude: „He well sich doch woll nich dat Läwe nähme? He seggt joa, wo eck henjoah, doa könn ju nich henkoahme."

23 He seggt: „Ju sent von unde, eck ben von boawe her; ju stamme utte Welt, eck obber stamm nich von disse Welt.

24 Eck hebb ju jeseggt, dat ju in june Sünd starwe ware. Denn wenn ju nich jloowe ware, dat eck et ben, denn war ju in june Sünd starwe."

25 Doa säde se to em: „Wer best du denn?" Doa säd he: „Wat soll eck äwerhaupt noch met ju rede.

26 Eck hebb noch väl äwer ju to segge un uttorichte. Obber der mi jescheckt hett, nemmt dat sehr jenau, un wat eck von em jeheert hebb, dat jäw eck ook anne Welt wieder.

27 Obber se kunne nich verstoahne, dat he to enne vom Foader jesproake had.

28 Doa säd Jesus: „Wenn ju seehne ware, wi der Menschesähn erheeht ward, dann ward et for ju kloar ware, dat eck et ben und dat eck nuscht von mi selwst do, sondern dat eck dat rede do, wat mi der Foader jeleehrt hett.

29 Der mi jescheckt hett, der öss met mi. He lett mi niemoals nich alleen, denn eck do emmer, wat em jefalle deit."

30 Als he dat säd, jloowde väle an em.

31 Doa säd Jesus to dä Jude, dä an em jloowde: „Wenn ju an minem Woord festhoole ware, denn sent ju in Woahrheit mine Jünger.

32 Ju ware dä Woahrheit erkenne, un dä Woahrheit ward ju frei moake."

33 Se jäwe doaropp tur Antwort: „Wi stamme von Abraham aw, un wi weere niemoals nich Knechte von irjendwem. Wie kannst du denn segge, ju solle frei ware?"

34 Jesus säd doaropp: „Dat well eck ju kloar moake: Jeder, der Schuld opp sich loade deit, der ward doamet ook e Knecht vonne Schuld.

35 Der Knecht bliewt nich for emmer im Hus; der Sähn obber blefft et for ewich.

36 Wenn ju nu der Sähn frei moake deit, denn sent you werklich frei.

37 Eck weet, dat ju von Abraham awstamme doone, un doch well ju mi ombringe. Dat liggt doaran, wielt min Woord kein Platz in ju hett.

38 Eck vertell ju, wat eck von minem Foader jeheert hebb, un ju doone, wat ju von junem Foader jeheert hebbe."

39 Doa säde se: „Abraham öss onser Foader." Doa säd Jesus: „Wenn ju werklich Kinder von Abraham sent, denn michd ju ook dat doone, wat Abraham jedoone had.

40 Nu hebb ju et obber daropp awjeseehne, mi omtobringe. Doabi ben eck doch der, der ju dä Woahrheit jeseggt hett, so wie eck se von Gott jeheert hebb. Sowat had Abraham niemoals nich jedoone.

41 Ju doone, wat jun Foader jeseggt hett." Doa säde se: „Wi sent doch keine Hurekinder; wi hebbe bloß eenem Foader, und at öss Gott."

42 Doa säd Jesus enne: „Wenn Gott werklich jun Foader weer, dann würd ju mi leew hebbe; denn eck ben vom Foader utjegange un to ju jekoahme. Eck ben nich von mi ut jekoahme; he hett mi jescheckt.

43 Wie kemmt dat bloß, dat ju mi nich verstoahne? Eck well et kloar segge: Wielt ju dat nich verdroaje kenne, wat eck to ju segge do.

44 Jun Foader öss der Diewel, un wat ju doone, öss dat, wat he im Senn hett. He weer schon von Anfang an e Mörder, un dä Woahrheit öss nich in em. Wenn he leeje deit, denn seggt he dat ut sinem Eejene herut, denn he öss e Leejebaron un der Foader von alle Leej.

45 Wielt eck obber dä Woahrheit segg, doarom jloow ju mi nich.

46 Wer von ju kann mi ook nur eene eenzije Sünd noawiese? Wenn eck to ju dä Woahrheit segg, woarom jloow ju mi denn nich?

47 Wer von Gott awstamme deit, der heert Gott sin Woord. Ju heere nich, wielt ju nich von Gott awstamme doone."

48 Doa säde de Jude to em: „Hebb wi nich recht, wenn wi segge, du

best e Samariter un hest e bösem Geist?"

49 Jesus jeew enne tur Antwort: „Nei, so öss dat man doch nich. Eck hebb keinem böse Geist, denn eck jäw alle Ehr to minem Foader, obber ju nähme mi alle Ehr.

50 Eck seek nich mine eejene Ehr. Et öss e anderer, der se seekt un der richte deit.

51 Doaropp könn ju sich verloate, wat eck nu segge do: ‚**Wenn sich eener opp min Woord verloate deit, der ward dem Dood in alle Ewichkeit nich seehne.**'"

52 Doa säde dä Jude: „Nu öss ons dat kloar, du hest e bösem Geist. Abraham öss jestorwe un ook dä Profete, un nu kemmst du her un seggst: Wenn sich eener opp min Woord verloate deit, der ward dem Dood in alle Ewichkeit nich schmecke.

53 Best du denn mehr als onser Foader Abraham, der jestorwe öss? Un ook onse Profete sent alle jestorwe. Wat bildst du di bloß en, un to wat moakst du di?"

54 Jesus säd: „Wenn eck ut mi selwst wat moake well, dann öss dat nuscht for mine Ehr. Et öss min Foader, der mi ehre deit, un von dem segg ju: ‚Dat öss onser Gott',

55 obber ju kenne em nich. Eck kenn em. Un wenn eck segge micht: eck kenn em nich, denn würd eck datselwije doone, wat ju doone, dann weer eck ook e Leejner. Obber eck kenn Gott, un handel noa sinem Woord.

56 Jun Foader Abraham kunn sich voar Freid nich hoole, dat he min Dach hett koahme seehne, un he hett em sojoar jeseehne, un hett sich doaräwer jefreit."

57 Doaräwer hebbe se sich oppjerejt un säde: „Du best noch nich e moal fuffzich Joahr old un wellst Abraham jeseehne hebbe?"

58 Jesus säd: „Dat well eck ju ganz jewess segge: Noch bevoar Abraham inne Welt keem, doa weer eck schon doa."

59 Doa hebbe se Steene oppjesammelt, om em doamet to beschmiete. Jesus obber keem noch jood doavon un hett dem Tempel verloate.

Kapitel 9

Der Blindjeborene ward jeheelt

1 Underwechs hett Jesus e Mensch anjetroffe, der schon blind inne Welt jekoahme weer.

2 Doa froajde em sine Jünger: „Meister, wer hett sich versündigt un öss in Schuld jefalle, dat disser Mensch schon blind jebore öss – he selwst oder sine Öllere?"

3 He säd: „He un ook sine Öllere sent nich Schuld doaran. Dat hett e ganz anderem Jrund: Wat Gott kann un well, dat soll hier dietlich ware.

4 Wi motte hier dat utrechte, wat der well, der mi jescheckt hett. Dat soll wi doone, so lang et noch Dach öss; et kemmt dä Nacht opp ons to, wo wi nuscht mehr doone könne.

5 Solang eck noch inne Welt ben, ben eck ook dat Licht forre Welt."

6 Als he dat jeseggt had, doa spuckd he oppe Eerd un moakd doarut e Brie. Dissem Brie hett he denn dem Blinde oppe Ooje jeschmeert

7 un säd to em: „Nu joah tum Diek Siloah un wasch di durt (Siloah heet äwersett ‚der awjescheckt öss'). He jing foorts hen un hett sich jewasche; un als he torück keem, kunn he seehne.

8 Doa weere ook dä Noabersch un andere Lüd, dä em freeher als Bettler jeseehne hade, un säde: „Öss dat nich der Mann, dem wi schon emmer jeseehne hebbe, wie he doa jehuckt un jebettelt hett?"

9 Manche säde: „Joa, dat öss he." Andere obber säde: „Nei, he sitt nur so ähnlich ut." He selwst obber säd: „Joa, eck ben et werklich."

10 Doa hebbe se em jefroajd: „Segg e moal, wie kemmt dat, dat du opp eenmoal seehne kannst?"

11 He säd: „Der Mann, der Jesus heet, der hett e Brie jemoakt un mi dissem opp mine Ooje jeschmeert. Dann säd he: ‚Nu joah tum Diek Siloah un wasch di.' Dat hebb eck jemoakt, un noa dem Wasche kunn eck opp eenmoal seehne."

12 Doa froajde se: „Wo öss he jetz?" He säd: „Dat weet eck nich."

13 Doa hebbe se dem, der doavoar blind weer, to dä Farisäer henje-
brocht.

14 Et weer jeroad Sabbat jewäse, als Jesus dem Brie jemoakt had un
dem Mann dat Oojelicht jeschenkt had.

15 Doa hebbe em ook dä Farisäer jefroajd, wie dat keem, dat he nu
wedder seehne kann. He säd: „He hett mi e Brie oppe Ooje je-
leggt, un denn hebb eck mi jewasche. Un nu kann eck seehne."

16 Doa säde manche von dä Farisäer: „Disser Mensch öss nich von
Gott jescheckt, wielt he dem Sabbat nich hoole deit." Obber ande-
re von enne säde: „Wie soll dat anjoahne, dat e sündiger Mensch
solche Wunder doone kann?" Doaräwer hebbe se sich denn inne
Woll jekräje.

17 So forderde se dem, der voarher blind jewäse weer, noch e moal
herut: „Segg e moal, wat denkst du eejentlich äwer em?" He säd:
„Joa, dat öss bestemmt e Profet."

18 Dä Jude obber wullde dat nich jloowe, dat he blind jewäse weer
un nu seehne kun. So leete se toletz dä Öllere von dem Mann, der
nu kicke kunn, koahme

19 un froajde enne: „Öss dat jun Sähn, von dem ju segge, dat he
blind jebore weer? Wie kemmt dat, dat he opp eenmoal seehne
kann?"

20 Sine Öllere säde doaropp: „Wi weete doch, dat dat onser Sähn öss
un dat he von Jeburt an nich seehne kunn.

21 Obber woher dat kemmt, dat he nu seehne kann, dat weet wi ook
nich. Un wer em dat Oojelicht jejäwe hett, dat weet wi ook nich.
Froajd em doch selwst, he öss doch old jenooch. He kann doch
allet von sich selwst vertelle."

22 Sine Öllere hebbe dat so jesegt, wielt se Angst vorre Jude hade.
Dä Jude weere sich schon doaren eenich jeworde, wenn sich ee-
ner to em als dem Messias bekenne deit, dem schmiet wi ut dä
Synagog rut.

23 Doarom säde sine Öllere: „He öss doch old jenooch, dat he selwst
von sich rede kann."

24 Doa reepe se dem Mensch, der voarher blind jewäse weer, noch
eenmoal to sich un säde to em: „Segg dä Woahrheit, un jeff Gott

dä Ehr! Wi weete, dat disser Mann e Sünder öss."

25 He säd: „Ob he e Sünder öss, dat weet eck nich. Obber dat Eene, dat weet eck: Eck weer blind, un nu kann eck seehne."

26 Doa froajde se em: „Wat hett he denn met di anjestellt? Wie hett he dat jemoakt, dat du nu seehne kannst?"

27 He säd: „Dat hebb eck ju doch schon allet vertellt. Obber dat helpt ju nich, wielt ju nich heere welle. Well ju dat noch e moal heere? Well ju ook sine Jünger ware?"

28 Doa wurde se jroff to em un säde: „Du best sin Jünger; wi obber sent Jünger von Mose.

29 Wi weete, dat Gott met Mose jered hett; woher obber disser öss, dat weet wi nich."

30 Der Mensch säd: „Dat kemmt mi verreckt voar, dat ju nich weete, woher he kemmt; he hett doch mine Ooje oppjedoone.

31 Wi weete, dat Gott dä Sünder nich erheere deit, obber et öss ganz wat anderet, wenn eener deit, wat Gott well, der ward von em erheert.

32 So lang dä Welt steiht, hett man noch niemoals nich jeheert, dat eenem, der blind inne Welt keem, dat Oojelicht jeschenkt wurd.

33 Wenn disser nich von Gott weer, had he nuscht doone könne."

34 Doaropp säde se: „Wat seggst du doa? Du best ganz un joar in Sünd inne Welt jekoahme, un nun wellst du ons ook noch beleehre." Doa hebbe se em wechjejoajt.

35 Dat keem Jesus to Ohre, dat se em rutjeschmäte hebbe. Als he em denn jetroffe had, froajd he em: „Jloowst du an dem Menschesähn?"

36 Doa säd he: „Wer öss dat, Herr? Eck micht an em jloowe welle."

37 Jesus säd to em: „Du hest em jeseehne, un der met di rede deit, dat öss he."

38 Em wurd kloar: „Herr, eck jloow" – dann full he opp sine Knee un hett em anjebäd.

39 Jesus säd: „Tum Jericht ben eck in disse Welt jekoahme. Dä nich seehne könne, dä solle seehne, und dä seehne könne, ware blind ware.

40 Doa hebbe eenije vonne Farisäer tojehorcht un säde: „Sent wi

denn ook blind?"

41 Jesus säd to enne: „Wenn ju blind weere, denn micht ju keine Sünd hebbe. Wielt ju obber segge: ‚Wi könne seehne', doarom blefft dä Sünd an ju hänge."

Johannes 10

Der joode Hirt

1 „Dat öss ganz jewess woahr. Eck segg ju: Wer nich dorche Där innem Schoapstall renjeiht un anne andere Stell enstieje deit, dat öss e Spetzbub un e Reiber.

2 Wer obber dorche Där renkemmt, der öss der Hirt vonne Schoapkes.

3 Dem moakt de Wächter de Där opp, un dä Schoapkes erkenne sine Stemm. He reppt sine Schoapkes met Noame opp, un he feehrt se doaternoa noa buute.

4 Wenn denn alle Schoapkes rut sen, jeiht he enne voarut, un se folje em alle, wielt se sine Stemm kenne.

5 Eenem fremde Mann folje se nich, sondern se loope von em wech. Dä Stemm von dem Fremde kenne se nich."

6 Disset Glieknis hett Jesus enne vertellt, obber se keeme nich doahinder, wat he doamet segge wull.

7 Doa säd Jesus noch eenmoal: „Dat öss ganz jewess, wat eck ju segge do: ‚Eck ben dä Där to dä Schoapkes.'

8 Alle, dä voar mi jekoahme weere, dat sent Spetzbube un Reiber; obber dä Schoapkes hebbe enne nich jehorcht.

9 Eck ben dä Där; wenn eener dorch mi renjeiht, der ward jerett ware. Der jeiht en un ut un krecht jenooch Futter.

10 Dä Spetzbub hett nur eent im Senn: He well stähle un schlachte un ombringe. Eck obber ben jekoahme, dat se dat Läwe un von allem jenooch hebbe.

11 Eck ben der joode Hirt. Der joode Hirt lett sin Läwe for dä Schoapkes.

12 Der Mietling obber, der nich Hirt öss un dem dä Schoapkes ook nich jeheere, leppt foorts wech, wenn e Wulf to seehne öss un lett

dä Schoapkes im Stech. Denn kemmt dä Wulf un hoalt sich, wat he will, und dä andere deit he verjoaje.

13 Der Mietling deit sich äwerhaupt nich om dä Schoakes kümmere.

14 Eck ben der joode Hirt, un eck kenn alle mine Schoapkes, un mine Schoakes kenne mi ook.

15 Dat öss jroad so wie min Foader mi kennt un eck minem Foader kenne do. Eck jäw min Läwe her for mine Schoapkes.

16 Eck hebb noch andere Schoapkes, obber dä sent nich ut dissem Stall. Ook disse mott eck noch herbringe, un se ware ook mine Stemm heere. Doaternoa ward dat eene Herd un een Hirt sen.

17 Doarom hett mi min Foader leew, wiel eck min Läwe henjäwe do, un von em dat Läwe ook wedder torück krieje war.

18 Keiner kann mi dat Läwe met Jewalt nähme; eck jäw et selwst her. Eck hebb dä Macht, dat Läwe to loate, un eck hebb dä Macht, dat Läwe ook wedder torück to nähme. Dat össet, womet min Foader mi beopptrajt hett."

19 Dorch all dat Jeseggte keem et wedder doaterto, dat dä Jude sich undernander uneens weere.

20 Väle von enne säde: „He hett e bösem Geist un öss nich ernst to nähme. Wat do ju em noch länger tohorche?"

21 Andere obber säde: „Wat he seggt, dat könne nich Weerder von eenem sen, der e bösem Geist hett. Könn ju sich voarstelle, dat so eener e Blindem dä Ooje oppmoake kann?"

22 Doamoals weer jroad dat Tempelfest in Jerusalem, un et weer tur Wintertied.

23 Jesus jing jroad im Tempel omher, un dat weer in jenne Hall vom Keenich Salomo.

24 Doa drängde sich dä Jude om em herom un säde: „Wie lang wellst du ons noch henhoole? Segg et doch frei herut: Best du der Christus, oder best du dat nich?"

25 Jesus säd enne: „Eck hebb et doch schon to ju jeseggt, obber ju jloowe mi joa nich. All dat, wat eck im Noame von minem Foader do, dat spräkd doch for mi.

26 Ju jloowe nich, wiel ju nich to mine Schoapkes jeheere doone.

27 Mine Schoapkes heere mine Stemm, un eck kenn se alle, un se

folje mi.

28 Eck jäw enne dat ewije Läwe, un keiner nich kann se ut mine Hand riete. Niemoals ware se omkoahme.

29 Min Foader hett se mi jejäwe, un he öss jretter als allet andere. Keiner nich kann se ut dä Hand von minem Foader riete.

30 **Eck un der Foader, wi sent een un derselwije."**

Jesus werfe se voar, Gott jelästert to hebbe

31 Doa hebbe dä Jude wedder Steene oppjesammelt, om em doamet to beschmiete.

32 Jesus säd: „Eck hebb so väl Joodet jedoone, wat der Foader dorch mi jewerkt hett. Un nu well ju mi met Steene beschmiete. Welchet Werk öss et, dat ju so oppjebracht hett?"

33 Dä Jude säde doaropp: „Nich wejen dat Joode, wat du jedoone hest, well wi di met Steene beschmiete. Obber du hest Gott jelästert; du best doch man ook bloß e Mensch, obber du moakst di selwt tum Gott."

34 Jesus säd: „Steiht nich in junem Jesetz jeschräwe: ,Eck hebb jeseggt: Ju sent Götter' (Psalm 82,6)?"

35 Wenn dat Jesetz schon for dä Lüd, for dä dat Woord von Gott bestemmt weer, Götter nenne deit, – un Gott sin Woord kann doch nich jebroake ware – ,

36 wi koahm ju denn doaterto, to dem, dem der Foader jeheilijt hett un dem he in disse Welt jescheckt hett, to segge: ,Du lästerst Gott', wielt eck jeseggt hebb: ,Eck ben Gott sin Sähn'?"

37 Wenn eck dat nich do, wat min Foader dorch mi doone well, denn bruuk ju mi joa nicht to jloowe.

38 Wenn eck obber sine Werke do, dann jloowt wenigstens an dat, wat eck jedoone hebb, wenn ju schon nich an mi gloowe welle. Dann war ju bejriepe un erkenne, dat der Foader en mi öss un eck im Foader."

39 Wedder wullde se em festnähme, obber he öss enne entkoahme.

40 He jing äwer dem Jordan, un dat weer dicht bi an jenne Stell, wo Johannes jetauft had. Durt bleew he eerscht e moal.

41 Väle Mensche keeme to em hen. Se säde: „Johannes hett zwoar

keine Wunder jedoone, obber wat he von dissem Mann voarut geseggt hett, dat hett sich allet als woahr herutjestellt."

42 Väle sent durt tum Jloowe jekoahme.

Kapitel 11

Dä Opperweckung vom Lazarus

1 Doa leej een Mann krank opp sinem Loajer. Dat weer Lazarus ut Betanien, jennem Derp, wo ook Maria un ähre Schwester Martha woahnde.

2 Disse Maria weer et ook, dä dem Herr met Salwöl jesalwt un sine Feet met ährem Hoar jedruckend had. Der Brooder von dä beide weer krank.

3 Doa scheckde dä Schwestere eenem to Jesus un leete em säge: „Herr, denk e moal, der di so leew hett, lijt krank doanieder."

4 Als Jesus dat jeheert had, säd he: „Disse Krankheit ward em nich dem Dood bringe. Dat Ganze deent nur doaterto, dat dä Lüd Gott sine Herrlichkeit erkenne un dat der Sähn von Gott verherrlicht ward."

5 Jesus had Maria un ähre Schwester leew un Lazarus ook.

6 Als he doavon to heere krej, dat Lazarus krank öss, bleew he trotzdem noch zwei Doaj durt, wo he weer.

7 Doaterno säd he to sine Jünger: „Nu loat ons wedder noa Judäa joahne!"

8 Dä Jünder hebbe em jewarnt: „Meister, voar korzem noch wullde dä Jude di met Steene beschmiete, un nu wellst du di schon wedder noa doa hen oppe Wech moake?"

9 Jesus säd: „Hett nich der Dach zwölf Stunde? Wer am Dach underwechs öss, der kemmt nich to Fall, denn he sitt dat Licht vonne Welt.

10 Wer obber inne Nacht tojange öss, der kann sich schnell irgendwo ansteete, wielt kein Licht doa öss, dat dem Wech hell moakt."

11 Dat säd he, un denn keem he opp Lazarus to spräke: „Onser Frind Lazarus schleppt, obber dat moakt nuscht. Eck war henjoahne un em oppwecke."

12 Doa säde dä Jünger: „Herr, wenn he nur schleppt, dann ward et ook wedder besser met em ware."

13 Jesus obber had jemeent: He öss dood. Un dä Jünger hade jedacht, he seggt enne von jennem Schloap, dem wi tum Utruhe bruuke.

14 Doaropp hett Jesus et dietlich utjesproake: „Lazarus öss jestorwe.

15 Eck well et ju vertelle, eck frei mi for ju, dat eck nich durt jewäse ben, denn eck micht, dat ju dat Jloowe jeleehrt ward. Nu obber loat ons oppbräke un durt henjoahne."

16 Doa säd Thomas, to dem se ook Zwilling jeseggt hebbe, to dä andere Jünger: „Joah, man to; wi joahne, om met em to starwe!"

17 In Betanien hebbe se Jesus tojedroaje, dat Lazarus schon vier Doaj im Jraff lijt.

18 Beatanien öss nich so wiet wech von Jerusalem – nur e halwe Stund to Foot to joahne.

19 Väle Jude weere to Marta un Maria jekoahme, om dä beide wejen ährem doodje Brooder to tröste.

20 Als Marta dat metjekräje had, dat Jesus kemmt, doa rennd se em entjäjen. Maria obber bleew to Hus.

21 Doa säd Marta to Jesus: „Weerscht du doch man hier jewäse, dann weer min Brooder nich jestorwe.

22 Obber eck weet ook, wat du von Gott erbäde deist, dat ward he di jäwe."

23 Jesus säd: „Din Brooder ward opperstoahne."

24 Marta hett em tojestemmt: „Eck weet jewess, dat he opperstoahne ward – bi dä Opperstehung am Jüngste Dach."

25 Jesus säd to ähr: **„Eck ben dä Opperstehung un dat Läwe. Wer an mi jloowt, der ward läwe, ook wenn he starwt;**

26 **un wer doa läwt un jloowt an mi, der ward niemals nich mehr starwe.** Gloowst du dat?"

27 Se hett dat bestätijt: „Joa, Herr, eck jloow ganz fest, dat du der Christus best; du best Gott sin Sähn, der inne Welt jekoahme öss!"

28 Noadem se dat jeseggt had, reep se ähre Schwester Maria un hett ähr tojeflüstert: „Der Meister öss doa un lett di roope."

29 Als se dat jeheert had, stund se foorts opp un rennd em entjäjen.

30 Jesus weer noch nich innnet Derp renjekoahme, sondern bleew noch an dä Stell, wo he Marta jetroffe had.

31 Als dä Jude, dä bi ähr im Hus weere, om se to tröste, jeseehne hade, dat Maria sich so schnell oppe Wech jemoakt hett, jinge se ähr hinderher. Se hade vermutet, dat Maria annet Jraff jeiht, om durt to jriene.

32 Als Maria nu durt henjeiht, wo Jesus weer un em nu jeseehne hett, doa feel se em to dä Feet un säd to em: „Herr, wenn du hier jewäse weerschst, denn weer min Brooder nich jestorwe."

33 Als Jesus dat jeseehne had, dat Maria un ook dä Jude, dä met ähr jekoahme weere, jriene deede, wurd he zornich un weer erschüttert doaräwer

34 un säd: „Wo hebb ju em henjeleggt?" Se säde: „Herr, komm met un kick di dat an!"

35 Jesus jriend.

36 Dä Jude säde: „Kick an, wi leew he em jehad had!"

37 Manche säde: „He hett dem Blinde dat Oojelicht jejäwe. Kunn he denn nich ook moake, dat disser nich starwe mussd?"

38 Dat jing Jesus noch e moal dorch un dorch, un he keem annet Jraff. Dat weer e Höhl, un e jrooter Steen weer doavoar.

39 Jesus säd: „Schuuwd dem Steen anne Sied!" Doa meld sich Marta, dä Schwester von dem Verstorwene, un well dat awwehre: „Herr, he stinkt schon, wielt he schon vier Doaj hier ligge deit."

40 Jesus säd to ähr: „Hebb eck di nich jesegggt: Wenn du jloowst, warscht du dä Herrlichkeit von Gott to seehne krieje?"

41 Doa hebbe se dem Steen bisied jerollt. Jesus kickd noa boawe un säd: „Foader, eck dank di, dat du mi erheert hest.

42 Eck weet, dat du mi emmer erheere deist. Obber eck segg dat jetz for dat Volk, dat hier romsteiht, dat se jloowe solle, dat du mi jescheckt hest."

43 Als he dat utjespoake had, reep he met e luute Stemm: „Lazarus, komm rut!"

44 Sofort keem Lazarus uttem Jraff rut. Omme Feet un om sine Händ weere Binde jeweckelt, un dat Jesicht weer met eenem Dook verbunde. Jesus säd: „Befreit em von dä Binde, dat he frei joahne

kann."

45 Väle von dä Jude, dä to Maria jekoahme weere un dat meterläwt hade, jloowde nu an em.

Se hebbe beschloate, Jesus omtobringe

46 Eenije von enne jinge hen to dä Farisäer un vertellde, wat Jesus jedoone had.

47 Nu reepe dä Hohepriester un Farisäer ähre Lüd tosamme un säde: „Wat soll wi bloß moake? Disser Mensch deit so väle Wunder.

48 Loat wi alles so loope, dann jloowe se denoarte alle an em. Denn koahme dä Römer un nähme ons dat Land un ook dä Lüd."

49 Eener von enne weer Kaiphas, der in dissem Joahr Hoherpriester weer, un he säd to dä andere: „Ju weete nuscht un

50 ju bedenke noch nich e moal: ‚Et öss doch besser for ju, wenn een Mensch for dat Volk starwe deit, als dat dat ganze Volk to Jrund jeiht.'"

51 Dat säd he nich von sich selwst ut; Gott hett em dat enjejäwe. Wielt he in dissem Joahr Hoherpriester weer, kunn he dat voarut segge, nämlich, dat Jesus forret Volk starwe soll

52 un nich nur for disset Volk alleen, nei, dorch sinem Dood solle ook dä Kinder von Gott, dä oppe ganze Welt verstreit sent, tosamme jebrocht ware.

53 Von dem Dach an weer et for dä Boawere e beschloatene Sach, dat se em ombringe ware.

54 Jesus jing von nu an nich mehr frei under enne omher. He jing wech inne andere Jäjend, dä dicht bi dä Wüst jeläje weer. Dat weer e Stadt met dem Noame Efraim. Durt bleew he met sine Jünger.

55 Doamoals stund dat Passahfest vonne Jude vorre Där. Väle Lüd vonnem Land jinge ropp noa Jerusalem, om sich to heilije.

56 Als dä Lüd im Tempel weere, froajde se noa Jesus: „Wat denk ju? Ward he woll tum Fest koahme?"

57 Dä Hohepriester un Farisäer hade e Befehl utjejäwe: „Jeder, der weet, wo he öss, der soll dat sofort melde." Denn se wullde em jefange nähme.

Kapitel 12

Salbung in Betanien

1 Sechs Doaj voar dem Passahfest keem Jesus noa Betanien. Doa had Jesus Lazarus voone Doodje opperweckt.

2 Doa hebbe se em to ehre e Moahltied anjerecht. Maria hett dem Desch jedeckt un Lazarus weer ook eener, der am Desch met doabi weer.

3 Doa neehm Maria e ganzet Pund Salw – dat weer echte Nardensalw, un dä weer ook ganz doll düer – un doamet hett se Jesus dä Feet jesalwt. Met ährem Hoar hett se dann dä Feet wedder drucken jemoakt. Dat ganze Hus weer voll von dem Salweduft.

4 Doa säd Judas Iskariot, eener von sine Jünger, der em späder verroade hett:

5 „Mi kemmt dat so en, had we dä Salw nich besser verkeepe könne? Doafär had we 300 Selverjrosche jekräje un et denn forre Oarme jejäwe."

6 Dat säd he obber nich, wielt em so väl an dä Oarme jeläje weer. Nei, he weer e Spetzbub un hett dä Kass verwaltet; un he steckd sich von dem, wat renjekoahme weer, emmer wat inne eejene Fupp.

7 Doa säd Jesus: „Loat dä Frau tofreede! Loat se dat doch oppbewoahre bis to dem Dach von minem Bejräbnis.

8 Denn oarme Lüd war ju emmer under ju hebbe, mi obber nich."

9 Et weer e jrooter Huupe von Jude, dä hade metjekräje, dat Jesus in Betanien öss. Se keeme nich sinetwejen, sondern se wullde Lazarus seehne, dem he von dä Doodje opperweckt had.

10 Dä Hohepriester hade ook beschloate, Lazarus omtobringe,

11 denn om sinet welle jinge väle Jude durt hen un jloowde doaternoa an Jesus.

Jesus titt in Jerusalem en

12 Am nächste Dach heerde all dä Lüd, dä tum Fest jekoahme weere, dat Jesus ook noa Jerusalem kemmt.

13 Doa hebbe se Palmzweije jenoahme un sent em entjäjen jegan-

ge. Luut hebbe se jeroope: „Hosianna! Jelobt öss der, der in dem Herrn sin Noame kemmt. Dat öss dä Keenich von Israel!"

14 Jesus fand e jungem Esel un hett sich doaropp jesett – jenau so, wie et jeschräwe steiht (Sacharja 9,9):

15 „Dochter Zion, hebb keine Angst! Pass opp, din Keenich kemmt, un he ward opp eenem Esel riede."

16 Dat hebbe dä Jünger to disse Tied noch äwerhaupt nich verstande. Obber als he schon inne Herrlichkeit weer, doa eerscht wurd enne kloar, dat dat Woord äwer em jeschräwe weer un ook, wat dä Lüd met em jemoakt hebbe.

17 Dä Lüd, dä doamals doabi weere, als he Lazarus uttem Graff rutjeroope had, dä vertellde dat nu ook to dä andere Lüd.

18 Doarom jinge dä Lüd em entjäjen, wielt se von dem Wunder jeheert hade.

19 Dä Farisäer säde eener tum andere: „Kickd an, ju könne nuscht utrechte. Dä Lüd loope em doch alle noa."

Äwer dä Verherrlichung von Jesus

20 Doa weere ook manche Grieche under dä Lüd, dä noa Jerusalem ropp jekoahme weere, om oppem Fest antobäde.

21 Dä moakde sich an Philippus ran, der von Betsaida ut Galiläa weer. Se hebbe em jebäd un säde: „Wi welle jern e moal Jesus seehne."

22 Philippus kemmt un seggt et to Andreas, un denn säde beide et to Jesus.

23 Jesus jeew enne to verstoahne: „Dä Tied öss jekoahme, dat de Menschesähn verherrlicht ward.

24 Horcht jenau hen: Wenn dat Weizekorn nich inne Eerd falle deit un nich erstarwe deit, denn blefft et alleen; wenn et obber erstarwe deit, dann ward et väl Frucht bringe.

25 Wer sin Läwe leew hett un et festhoole well, der ward et verleere. Wer obber sin Läwe opp disse Welt hasst, der ward et bekoahme tum ewije Läwe.

26 Wer mi deene well, der soll met mi joahne. Wo eck ben, doa soll ook min Deener sen. Wenn eener mi deene deit, dem ward min

Foader ehre.

27 Nu öss mine Seel ganz un joar verzoajt. Un wat soll eck segge? Foader, help mi rut ut disse Stund. Obber jeroad doarom ben eck in disse Stund jekoahme.

28 Foader, do dinem Noame verherrliche! Doa weer e Stemm uttem Himmel to heere un säd: „Eck hebb em verherrlicht un well em ook wedder verherrliche."

29 Doa säd dat Volk, dat doabi weer un tojehorcht had: „Et hett jedonnert." Andere säde: „E Engel hett met em gesproake."

30 Jesus hett enne jeantword: „Disse Stemm öss nich om minetwejen jekoahme, sondern for ju.

31 Nu ward Jericht jehoole äwer disse Welt. Nu ward de Fürst vonne Welt rutjeschmäte.

32 Wenn eck noa boawe joah, dann well eck alle to mi hen teene."

33 Dat säd he, om kloar to moake, opp welche Oart he starwe ward.

34 Doaropp hebbe dä Lüd jeantwoord: „Wi hebbe uttem Jesetz jeheert, dat de Messias bliewe ward, un nu seggst du, de Menschesähn soll noa boawe koahme. Wer öss disser Menschesähn?"

35 Doa säd Jesus: „Dat Licht öss nur noch e Wieke bi ju. Läwt met dem Licht solang ju et könne, doamet ju nich stolpere, wenn dat Diestere kemmt. Wenn ju im Diestere sent, könn ju nich seehne, wohen ju joahne.

36 Jloowt an dat Licht, solang ju et noch hebbe, doamet ju Kinder vonnem Licht ware." Noadem he dat jeseggt had, jing he wech, un se kunne em nich mehr seehne.

Dat Volk jloowt nich

37 Obwohl he so väle Wunder voar ähre Ooje jedoone had, jloowde se doch nich an em.

38 Doamet hett sich erfüllt, wat der Profet Jesaja (6,9+10) jeschräwe hett: „Herr, wer hett jejloowt, wat wi jepredigt hebbe? Un wem ward de Herr sine jroote Macht zeije?"

39 Doarom kunne se nich jloowe, denn Jesaja säd anne andere Stell (Jesaja 6, 9+10):

40 „He hett ähre Ooje blind jemoakt un ähre Herze verstockt. Se

solle met ähre Ooje nich kicke könne un met ährem Herz nich verstoahne, doamet se sich nich bekehre un eck enne helpe do."

41 Doamet hett Jesaja Jesus jemeent, denn Jesaja had sine Herrlichkeit jeseehne.

42 Un doch keeme ook von dä Boawere väle tum Jloowe. Se hebbe sich obber jescheut doaräwer to rede, wielt se Angst hade, dat dä Farisäer se utte Synagog rutschmiete ware.

43 Se hade et leewer, von Mensche verehrt to ware als von Gott.

44 Jesus säd to dem Volk: „Wer an mi jloowt, der jloowt nich an mi, sondern an dem, der mi jescheckt hett.

45 Un wer mi ankickt, der kickt dem an, der mi jescheckt hett.

46 Eck ben in disse diestere Welt als e Licht jekoahme, doamet, wer an mi jloowt, nich inne Diesternis bliewe deit.

47 Wer min Woord heere deit, obber nich doaterno deit, dem war eck trotzdem nich richte, denn eck ben nich jekoahme, om dä Welt to richte, sondern om se to errette.

48 Wer min Woord nich annemmt un mi verachte deit, der hett schon sinem Richter. Dat Woord, dat eck jeseggt hebb, dat ward em richte am Jüngste Dach.

49 Denn eck hebb nuscht ut mi selwst geseggt, sondern der Foader, der mi jescheckt hett, hett mi oppjedroaje, wat eck doone un rede soll.

50 Un eck weet: Sin Jebot öss dat ewije Läwe. Doarom segg eck noch e moal: Wat eck ju jeseggt hebb, dat hebb eck so jeseggt, wie der Foader et mi jeseggt hett."

Kapitel 13

Dat Feetwasche

1 Et weer voar dem Passahfest. Jesus wussd nu ganz jenau, dat sine Stund jekoahme öss, dat he ut disse Welt rutjoahne un wedder tum Foader torückjoahne ward. Do leet he dä Jünger noch e moal dietlich weete, dat he se leewt un dat bis tum letzte Oojenblick.

2 Et weer bim letzte Oawendäte, doa had der Diewel dem Judas, dat weer der Sähn von Simon Iskariot, schon enjejäwe, Jesus to

verroade.

3 Jesus wussd, dat der Foader em allet in sine Händ jejäwe hett un dat he von Gott jekoahme weer un to Gott jing.

4 Doa stund he opp vom Desch, hett sin Jewand awjeleggt un sich denn e Schert omjebunde.

5 Doaternoa hett he Woater in e Schettel jejoate un fing an, dä Jünger dä Feet to wasche. Mette Schert, dä he omjebunde had, hett he enne dä Feet awjedruckend.

6 Doa keem ook Simon Petrus anne Reej un säd to Jesus: „Herr, du wellst mi dä Feet wasche?"

7 Jesus säd to em: „Wat eck jetz do, dat versteihst du noch nich. Späder warschd du dat bejriepe."

8 Doa säd Petrus: „Niemoals nich sollst du mi dä Feet wasche." Jesus säd: „Wenn eck di nich dä Feet wasche do, denn hest du kein Andeel an mi."

9 Seggt Petrus doaropp: „Herr, nich nur dä Feet, dann ook jleich noch dä Händ unnem Kopp."

10 Jesus wiesd em torecht: „Wer jewasche öss, der bruukt nich mehr als dat em dä Feet jewasche sent, denn öss he ganz rein. Ju sent rein, obber nich alle."

11 He wussd om sinem Verräder un doarom säd he: „Ju sent nich alle rein."

12 Als he enne dä Feet jewasche had un he wedder sin Jewand anjetoaje un sich wedder henjehuckd had, doa säd he to enne: „Könn ju sich voarstelle, to wat eck dat jedoone hebb?

13 Ju segge Herr un Meister to mi. Un dat öss ook recht so, denn dat ben eck werklich.

14 Wenn eck ju nu als jun Herr un Meister dä Feet jewasche hebb, so soll ju sich ook undereenander dä Feet wasche.

15 Doamet hebb eck ju e Beispäl jejäwe, doamet ju ook underander doone solle, wie eck dat ook met ju jedoone hebb.

16 Nu passt opp: Der Knecht öss nich jretter als sin Herr, un der Apostel öss nich jretter als der, der em jescheckt hett.

17 Wenn ju dat weete, seelich sent ju, wenn ju doaterno doone ware.

18 Dat segg eck nich äver ju alle. Eck weet jenau, welche eck ut-

jewählt hebb. Dä Schrefft mott erfüllt ware (Psalm 41,10): ‚Der min Brot äte deit, ward mi mette Feet betrampele.'

19 Jetz säg eck dat to ju, bevoar dat passeere deit, doamet denn, wenn et werklich passeerd öss, ju jloowe, dat eck dat ben.

20 Ganz jewess könn ju sich doaropp verloate: Wer eenem oppnähme deit, dem eck jescheckt hebb, dat öss jenau so, als wenn he mi oppnähme deit. Un wer mi oppnähme deit, dat öss jenau so, als wenn he dem oppnähme deit, der mi jescheckt hett."

Jesus ward verroade

21 Als Jesus dat jeseggt had, weer he deep erschüttert un neehm nu kein Blatt mehr vorrem Mund: „Doa öss eener under ju, der ward mi verroade."

22 Doa kickde sich dä Jünger undernander an un se weere ganz verläjen, wer doamet woll jemeent sen kann.

23 Nu weer doa een Jünger, dem Jesus leew had un der weer ganz an sine Sied am Desch.

24 Dem winkd Petrus to, dat he froaje soll, wer dat woll öss.

25 Doa keem he dicht an Jesus ran un säd: „Herr, wer ward dat sen?"

26 Jesus säd: „Dat öss der, dem eck dat Brot henlange do, noadem eck et enjetaucht hebb." Als he dann dat Brot enjetaucht had, jeew he et to Judas, dem Sähn von Simon Iskariot.

27 Als der dat Steck anjenoahme had, doa packd em der Diewel. Jesus säd to em: „Wat du to doone jedenkst, dat do nu bold!"

28 Keiner am Desch hett verstande, wat Jesus doamet segge wull.

29 Wielt Judas dä Kass had, hebbe eenije jedocht, Jesus hett em tum Enkeepe jescheckt for dä Festtied oder dat he wat for dä Oarme jäwe soll.

30 Noadem he dat Brot jenoahme had, jing he foorts wech. Un et weer Nacht.

Dä Verherrlichung von Jesus un dat niee Jebot

31 Als Judas wech weer, säd Jesus: „Nu öss der Menschesähn verherrlicht, un Gott öss verherrlicht in em.

32 Un öss Gott verherrlicht in em, denn ward Gott ook selwst doafär

sorje, dat he verherrlicht ward, un dat sehr bold.

33 Leewe Kinder, eck ben nur noch e kleenet Wielke bi ju. Ju ware mi seeke. Un so wie eck et to dä Jude jeseggt hebb, so segg eck et jetz ook to ju: ‚Wo eck henjoah, doa könn ju nich henkoahme.‘

34 Nu jäw eck ju e nieet Jebot, dat ju sich undernander leewe solle. So wie eck ju jeleewt hebb, so soll ju sich ook undernander leewe.

35 Doran ward jeder erkenne könne, dat ju mine Jünger sent, wenn ju sich undernander leew hebbe.“

Petrus ward dem Herr verleujne

36 Säd Simon Petrus to em: „Herr, wo jeihst du hen?“ Jesus säd em: „Wo eck henjoah, doa kannst du dittmoal nich metkoahme, späder obber jeiht dat.“

37 Petrus froajd: „Herr, woarom kann eck di dittmoal nich folje? Eck ben doch sojoar bereit, for di to starwe.“

38 Jesus antwoord em: „Du wellst din Läwe for mi loate? Obber verjät nich: Dä Hoahn ward noch nich jekräje hebbe, un doa hest du di schon dreimoal von mi losjeseggt.“

Kapitel 14

Dä Wech Jesu tum Foader

1 „Ju solle keine Angst hebbe. Jloowt an Gott un jloowt an mi.

2 Innem Hus von minem Foader, doa sent väle Woahnunge. Wenn dat nich so weer, denn had eck nich to ju jeseggt: ‚Eck joah hen, om dem Platz for ju entorechte.‘

3 Un wenn eck henjoah un allet jemoakt hebb, dann well eck torückkoahme un ju to mi hennähme. Un doamet sent ju denn doa, wo eck ook ben.

4 Un wo eck henjoah, dem Wech weet ju doch.“

5 Doa säd Thomas to em: „Herr, wi weete nich, wohen du jeihst. Woher soll wi dat denn weete?“

6 Doa seggt Jesus to em: **„Eck ben dä Wech un dä Woahrheit un dat Läwe; keiner nich kann ohne mi tum Foader koahme.**

7 Wenn ju mi werklich kenne jeleehrt hebbe, denn war ju ook mi-

nem Foader erkenne. Un von nu an kenn ju em, un von nu an hebb ju em ook jeseehne."

8 Doaropp seggt Philippus: „Herr, denn zeij ons doch dem Foader. Denn sent wi ook tofreede."

9 Jesus antwoord em doropp: „Solang nu schon ben eck met ju tosamme, un du kennst mi emmer noch nich, Philippus? **Wer mi jeseehne hett, der hett ook dem Foader jeseehne!** Wie kannst du denn sowat segge: ‚Zeij ons dem Foader'?

10 Jloowst du nich, dat eck im Foader ben un der Foader in mi. Dat Woord, dat eck to ju jeseggt hebb, dat hebb eck nich von mi selwst ut jeseggt. Der Foader, der en mi woahnt, der deit sine Werke.

11 Jloowt mi, dat eck im Foader ben un der Foader in mi. Un wenn ju dat nich jloowe könne, denn jloowt doch deswejen, wat eck jedoone hebb.

12 Eck well et noch e moal betone: ‚Wer an mi jloowt, der ward ook dat doone, wat eck do, joa he ward sojoar noch Jretteret doone, denn eck joah, om bim Foader to sen.

13 Wat ju in minem Noame bäde ware, dat well eck doone. Doamet ward der Foader in sinem Sähn verherrlicht.

14 **Wat ju ook emmer in minem Noame bäde ware, dat well eck doone."**

Der Heilije Geist

15 „Wenn ju mi leew hebbe, denn war ju ook mine Jebote befolje.

16 Eck well dem Foader doarom bäde, dat he e anderem Tröster an june Sied stelle ward, un der ward in alle Ewichkeit bi ju bliewe.

17 Dat öss der Geist, der dä Woahrheit bringt. Dem kann dä Welt nich oppnähme, denn se hett keen Ooj un kenn Senn doafär. Ju obber ware em kenne leehre, he blefft bi ju un he ward ook in ju sen.

18 Eck loat ju nich verwaist torück, eck koahm to ju.

19 Et öss nur noch e kleenet Wielke, dann ward disse Welt mi nich mehr seehne. Ju obber solle mi seehne. **Eck läw, un ju solle ook läwe.**

20 An jennem Dach war ju erkenne, dat eck in minem Foader ben un

ju in mi un eck in ju.

21 Wer mine Jebote hett un deit doaternoa, der össet, der mi leewt. Wer mi obber leewt, der ward ook von minem Foader jeleewt, un eck war em leewe un em zeije, wer eck ben."

22 Doa säd Judas to em, obber nich der Iskariot: „Herr, wat deit dat bediede, dat du di ons zeije wellst, obber nich dä Welt?"

23 Jesus antwoord em: „Wer mi leew hett, der ward noa minem Woord doone; un min Foader ward em leew hebbe, un wi ware to em koahme un bi em woahne.

24 Wer mi obber nich leewt, der ward ook min Woord nich hoole. Un dat Woord, dat ju heere, öss nich min Woord; et öss dat Woord vom Foader, der mi jescheckt hett.

25 Dat allet hebb eck to ju jered, solang eck bi ju weer.

26 Min Foader ward in minem Noame dem Tröster to ju sende, dat öss der Heilije Geist. Der ward ju in allem beleehre un ook an allet erinnere, wat eck to ju jesegqt hebb."

Dä Friede, der von Jesus kemmt

27 „Dem Friede loat eck ju, minem Friede jäw eck ju. Eck do dat obber nich so wie dä Welt dat deit. Jun Herz soll sich nich erschrecke, un hebbt keine Angst.

28 Ju hebbe jeheert, dat eck jesegqt hebb: ,Eck joah hen un war wedder to ju koahme. Wenn ju mi werklich leew hebbe, denn michd ju sich doaräwer freie, dat eck tum Foader joah, denn der Foader öss jretter als eck.

29 Nu hebb eck et to ju jesegqt noch bevoar dat passeere deit, doamet ju jloowe, wenn et denn passeere ward.

30 Eck war nich mehr väl to ju segge, denn der Fürst von disse Welt kemmt. He hett keine Macht äwer mi.

31 Obber dä Welt soll erkenne, dat eck dem Foader leew hebb un dat eck dat do, wat der Foader mi oppjedroaje hett. Stoaht jetz opp, un loat ons von hier wechjoahne."

Kapitel 15

Dä woahre Wienstock

1 „Eck ben dä woahre Wienstock, un min Foader öss dä Wienjärt-
ner.

2 Jede Reew, dä an mi wachse deit un keine Frucht bringt, ward he
awschniede. Un jede Reew, dä Frucht bringt, moakt he rein, dat
se noch mehr Frucht droaje kann.

3 Ju sent schon rein, dat moakt dat Woord, wat eck to ju jeseggt
hebb.

4 Bliewt in mi un eck in ju. Jroad so wie dä Reew ut sich selwst
keine Frucht bringe kann – se mott am Wienstock dran bliewe –
so öss et ook met ju.

5 **Eck ben de Wienstock, un ju sent dä Reewe. Wenn eener an
mi bliewe deit un eck in em, dann bringt he väl Frucht; denn
ohne mi könn ju nuscht doone.**

6 Wer nich in mi blefft, der ward wechjeschmäte wie e nutzlose
Reew, dä dann verdruckend. Solche Reewe ware dann oppem
Huupe jeschmäte tum verbrenne.

7 **Wenn ju obber in mi bliewe un ook min Woord in ju bliewe
deit, denn könn ju bäde, wat ju welle, un et ward ju jejäwe
ware.**

8 Opp disse Oart ward min Foader verherrlicht, dat ju väl Frucht
bringe un ju mine Jünger ware."

Äwer dä Leew

9 „Jroad so, wie min Foader mi leew hett, so leew eck ju ook. Bliewt
in mine Leew!

10 Wenn ju mine Jebote enhoole doone, denn bliew ju doadorch ook
in mine Leew. Dat öss jenau so wie eck dä Jebote von minem
Foader enhoole do un ook in sine Leew bliewe do.

11 Dat hebb eck ju jeseggt, dat mine Freid in ju bliewe deit, un dat bi
dä Freid, dä ju hebbe, nuscht mehr to wünsche äwrich bliewt.

12 **Un dat öss min Jebot, dat ju sich undernander jenau so leew
hebbe solle, wie eck ju leew hebb.**

13 E jrettere Leew kann et nich jäwe als dä, wenn eener sin Läwe henjefft for sine Frind.

14 Ju sent mine Frind, wenn ju dat doone, wat eck ju oppjedroaje hebb.

15 Nu war eck ju nich mehr Knechte nenne, denn e Knecht weet nich, wat sin Herr deit. To ju obber hebb eck jeseggt, dat ju Frind sent; denn allet, wat eck von minem Foader jeheert hebb, dat hebb eck ju ook weete loate.

16 Ju hebbe mi nich utjewählt. Et öss so, dat eck ju utjewählt hebb, un eck hebb ju doaterto bestemmt, dat ju henjoahne un Frucht bringe. Disse Frucht ward ook bliewe. **Un wenn ju vom Foader in minem Noame wat erbäde doone, dann ward he ju dat ook jäwe.**

17 Loat et mi noch e moal dietlich betone: Dat legg eck opp ju, dat eener dem andere leew hett.“

Dä Hass vonne dä Mensche utte Welt

18 „Wenn dä Welt ju hasse ward, denn verjät nich, dat se mi toeerscht jehasst hett.

19 Wenn ju ook utte Welt stamme michte, denn würd dä Welt dat jefalle, wat ju segge. Obber ju stamme nich utte Welt, wielt eck ju utte Welt utjewählt hebb, un dat öss ook dä Jrund, woarom dä Welt ju hasse deit.

20 Erinnert sich an dat Woord, dat eck ju geseggt hebb: ‚Der Knecht öss nich jretter als sin Herr. Hebbe se mi verfoljt, so ware se ju ook verfolje. Hebbe se sich an min Woord jehoole, so ware se sich ook an dat Woord hoole, wat ju enne segge ware.‘

21 Dä Mensche inne Welt ware sich jäjen ju stelle, wielt ju to mi jeheere. Se kenne joa dem nich, der mi jescheckt hett.

22 Wenn eck nich jekoahme weer un had et enne nich jeseggt, denn hade se keine Sünd. Nu obber hebbe se nuscht, om ähre Sünd to entschuldije.

23 Wer mi hasse deit, der hasst ook minem Foader.

24 Wenn eck under enne nich dat jedoone had, wat keinem andere möglich öss, denn weere se ohne Sünd. Nu obber hebbe se dat

allet jeseehne, un dennoch hasse se mi un minem Foader.

25 Dat allet mussd so koahme, wielt im Jesetz jeschräwe steiht: ‚Se hebbe mi jehasst, un dat ohne Jrund' (Psalm 69,5).

26 Eck war ju vom Foader dem Tröster schecke. Dat öss der Geist vonne Wahrheit, der vom Foader utjeiht. Wenn der koahme ward, der ward ju kloar moake, wer eck ben.

27 Obber ook ju könne segge, wer eck ben, denn ju sent von Anfang an bi mi jewäse."

Kapitel 16

1 „Dat allet hebb eck ju jeseggt, doamet ju nich im Jloowe wankelmütich ware un to Fall koahme.

2 Se ware ju utte Synagoge rutschmiete. Joa, et kemmt e Tied, doa ward man denke, wenn man ju ombringe deit, dat man Gott doamet e Freud bereitet.

3 Dat doone se deswejen, wielt se minem Foader un ook mi nich kenne.

4 Dat hebb eck to ju jeseggt, doamet denn, wenn jenne Stund koahme ward, ju sich doaran erinnere, dat eck et doavoar to ju jeseggt had. Am Anfang hebb eck dat noch nich jeseggt. Doa weer et joa ook nich needich, denn eck weer joa emmer bi ju."

Dat Werk vom Heilije Geist

5 „Nu obber joah eck to dem hen, der mi jescheckt hett. Un keiner under ju seggt: ‚Wohen jeihst du denn hen?'

6 Doch wielt eck dat allet to ju jeseggt hebb, doarom öss jun Herz voll Truuer.

7 Obber eck segg et wi et öss: Et öss jood for ju, dat eck wechjoah. Wenn eck nich wechjoahne micht, würd der Tröster nich to ju koahme. Wenn eck obber joah, well eck em to ju schecke.

8 Un wenn he denn kemmt, dann ward he dä Welt to Besennung bringe, wat dat met dä Sünd, dä Jerechtichkeit und dat Jericht opp sich hett.

9 Met dä Sünd öss jemeent, dat se nich an mi jloowe.

10 Un met dä Jerechtichkeit öss jemeent, dat eck tum Foader joah un ju mi nich mehr seehne ware.

11 Un met dem Jericht öss dat so jemeent, dat nu dat Jericht äwer dem kemmt, der der Herr äwer disse Welt öss.

12 Eck hebb äwerhaupt noch väl to ju to segge, obber doamet könn ju jetz noch nich omjoahne.

13 Wenn obber der Geist kemmt, der to ju dä Woahrheit bringt, der ward ju dem Wech to dä volle Woahrheit hen zeije. Wat he seggt, dat deit he nich ut sich selwst rede; nei, wat he heert, dat seggt he. He ward dat kunddoone, wat noch koahme soll.

14 He ward mi verherrliche, denn he nemmt, wat to mi jeheert, un dat ward he to ju segge.

15 Allet, wat der Foader hett, dat jeheert ook to mi. Doarom hebb eck jeseggt: He nemmt dat doavon, wat mi jeheert, un doavon ward he ju vertelle."

Truuer un Hoffnung, wenn Jesus jeiht

16 „Et öss nur noch e Wielke, dann war ju mi nich mehr seehne. Un denn noch e moal e Wielke, denn war ju mi wedder seehne."

17 Doa säde eenije von sine Jünger undernander: „Wat soll dat bloß bediede, wenn he doa to ons seggt: ‚Et öss nur noch e Wielke, dann war ju mi nich mehr seehne. Un denn noch e moal e Wielke, dann war ju mi wedder seehne. Un: Eck joah tum Foader?'"

18 Doa säde se: „Wat meent he doamet, wenn he seggt: Noch e Wielke? Wi weete nich, wat he doa rede deit."

19 Doa hett Jesus jemerkt, dat se e Froaj oppem Herz hade un säd to enne: „Doaternoa froaj ju sich undernander, dat eck jeseggt hebb: ‚Et öss nur noch e Wielke, dann war ju mi nich mehr seehne. Un denn noch e moal e Wielke, dann war ju mi wedder seehne.'

20 Eck well et ju segge: Ju ware jriene un kloaje, obber dä Welt ward sich doaräwer freie. Ju ware truurich sen, aber dä Truurichkeit ward in Freid omschloaje.

21 Wenn e Fru e Kind krecht, dann hett se dolle Schmerze, wielt ähre Stund jekoahme öss. Wenn se obber dat Kind jebore hett, denn denkt se nich mehr an dä Angst torück. Dä Freud, dat een Mensch

in disse Welt keem, äwerstroahlt dat allet.

22 So össet jetz ook bi ju. Ju sent nu ook truurich, obber eck well ju wedder seehne. June Herze ware sich dann freie, un disse Freid kann keiner wechnähme.

23 **Von dem Dach an war ju mi nuscht mehr froaje.** Ganz bestemmt segg eck ju dat: **Wenn ju dem Foader om irjendwat bäde ware, he ward et ju jäwe.**

24 Bisher hebb ju noch om nuscht in minem Noame jebäd. Bäd, un ju ware et krieje, doamet june Freid vollkommen öss.

25 Ditt hebb eck ju dorch Bilder geseggt. Et kemmt dä Tied, doa spräk eck nich mehr in Bilder met ju. Denn segg eck et frei to ju herut, wat dat met dem Foader opp sich hett.

26 An jennem Dach war ju in minem Noame bäde. Un eck war denn nich mehr vom Foader irjendwat for ju erbäde;

27 denn he selwst, der Foader hett ju leew, wielt ju mi leew hebbe un ju jloowe, dat eck von Gott jekoahme ben.

28 Eck ben vom Foader oppjebroake un in disse Welt jekoahme; so war eck dä Welt ook wedder verloate un tum Foader torück joahne."

29 Doa säde dä Jünger: „Nu redst du frei herut met ons un benutzt nich mehr Bilder.

30 Nu öss ons kloar, dat du allet weetst un dat du keinem bruukst, dem du erscht noch froaje mottst. Doarom jloow wi ook, dat du vom Foader jekoahme best."

31 Jesus säd enne: „Nu eerscht jloow ju?

32 Passt opp! Et kemmt dä Stund un öss schon jetz, dat jeder in sin Hus jeiht un ju mi im Stech loate ware. Obber eck ben nich alleen, denn der Foader öss bi mi.

33 Dat allet hebb eck to ju jeseggt, dat ju in mi Friede hebbe. In dä Welt hebb ju Angst, obber hebbt keine bang; dä Welt kann mi nuscht mehr anhebbe, eck ben de Herr doaräwer."

Kapitel 17

Dat Jebät von Jesus

1 Dat säd Jesus, un dann kickd he tum Himmel un säd: „Foader, nu öss dä Stund jekoahme: Verherrlich dinem Sähn, doamet der Sähn di verherrliche deit.

2 Du hest em Vollmacht äwer alle Mensche jejäwe, doamet he alle jenne dat ewije Läwe jefft, dä du em jejäwe hest.

3 Dat öss dat ewije Läwe, dat se di kenne un weete, dat du alleen der woahre Gott best un Jesus Christus doaterto, dem du jescheckt hest.

4 Eck hebb di oppe Eerd verherrlicht, denn eck hebb dat Werk, dat du mi anvertruut hest un dat eck doone soll, to End jebrocht.

5 Foader, nu verheerlich du mi bi di met dä Herrlichkeit, dä eck bi di had, noch bevoar dä Welt jeschaffe weer.

6 Bi dä Mensche, dä du mi utte Welt jejäwe hest, hebb eck dinem Noame bekannt jemoakt. Dä alle weere dine, un du hest se mi jejäwe, un se hebbe sich an din Woord jehoole.

7 Nu weete se, dat allet, wat du mi jejäwe hest, von di kemmt.

8 Denn din Woord, dat du mi jejäwe hest, hebb eck enne jejäwe, un se hebbe et ook anjenoahme un werklich erkannt, dat eck von di utjejange ben un du mi jescheckt hest.

9 Nu bäd eck for disse Lüd un nich for dä Welt, sondern for dä, dä du mi jejäwe hest, denn se jeheere to di.

10 Un allet, wat min öss, dat öss joa ook din; un wat din öss, dat öss joa ook min. Un eck ben in enne verherrlicht.

11 Eck ben nich mehr inne Welt, obber se sent inne Welt, obber eck koahm jetz to di. Heilijer Foader! Loat se alle fest bliewe in dinem Noame, dem du mi jejäwe hest un dat se ook eens sent, so wie wi ook eens sent.

12 Solang eck bi enne weer, hebb eck doafär jesorjt, dat se fest jebläwe sent in dinem Noame, dem du mi jejäwe hest. Eck hebb mine Hand äwer se jehoole, so dat keiner von enne verloare jeiht. Bloß der eene, der verdorwene Sähn, jeiht verloare, wie et dä Schrefft (Psalm 41,10) schon im voarut jeseggt had.

13 Nu obber koahm eck to di. In dä Tied oppe Welt hebb eck enne väl jeseggt, so dat se von mine Freud voll erfüllt sent.

14 Eck hebb enne din Woord jejäwe, un dä Welt hett se jehasst. Denn se sent nich vonne Welt, jenau so wi eck ook nich vonne Welt ben.

15 Eck bäd nich doarom, dat du se utte Welt rutnemmst, obber doaran lijt mi, dat du dine Hand äwer se hoole deist un dat dat Böse enne nuscht andoone kann.

16 Se sent nich von disse Welt, so wie eck ook nich von disse Welt ben.

17 **Moak se heilig dorch dä Woahrheit, din Woord öss dä Woahrheit.**

18 Groad so wie du mi inne Welt jescheckt hest, so scheck eck se ook inne Welt.

19 For se moak eck mi heilig, doamet se ook heilig ware dorch dä Woahrheit.

20 Eck bäd nich nur for se alleen, sondern ook for dä, dä dorch ähr Woord an mi jloowe ware.

21 Se solle alle eens ware. So wie du, Foader, in mi un eck in di ben, so solle se ook in ons sen, doamet dä Welt jloowt, dat du mi jescheckt hest.

22 Eck hebb enne dä Herrlichkeit jejäwe, dä du mi jejäwe hest, doamet se eens sent, so wie ook wi eens sent;

23 eck in enne un du in mi. Se solle ganz un joar eens ware, doamet dä Welt doaran erkenne deit, dat du mi jescheckt hest un se so leew hest wie du mi leewst.

24 Foader, eck well, dat, wo eck ben, ook dä sent, dä du mi jejäwe hest. Se solle mine Herrlichkeit seehne, dä du mi jejäwe hest; denn du hest mi jeleewt, noch bevoar dä Jrund vonne Welt jelejt weer.

25 Jerechter Foader! Dä Welt kennt di nich, obber eck kenn di. Un disse mine Lüd weete ganz jenau, dat du mi jescheckt hest.

26 Un eck hebb enne dinem Noame bekannt jemoakt un do dat ook wedder. Doadorch ward dä Leew, met dä du mi leewst, in enne sen un eck ook in enne."

Kapitel 18

1 Als Jesus dat jeseggt had, jing he met sine Jünger wech. Doabi äwerquerte se dem Bach Kidron. Opp jenne Sied weer e Joarde, un doa jinge se tosamme hen.

2 Judas, der em verroade hett, weer disser Platz jood bekannt, wielt Jesus sich durt oft met dä Jünger jetroffe had.

3 Un so keem Judas met eenem Huupe Soldate, un ook dä Knechte vonne Hohepriester un Farisäer keeme met Fackele, Lampe un Waffe anjereckt.

4 Jesus wussd jenau, wat nu opp em tokemmt. Un so jing he rut un säd to enne: „Wem do ju seeke?"

5 Se säde: „Jesus von Nazareth." Doaropp säd he: „Dat ben eck." Judas obber, der em verroade hett, stund bi enne.

6 Als he nu to enne säd: „Dat ben eck!", jinge se e Schrett torück un sent omjefalle.

7 Doa froajd he tum zweite Moal: „Wem do ju seeke?" Se säde wedder: „Jesus von Nazareth."

8 Doaropp hett Jesus enne jeantwoord: „Eck hebb ju doch schon jeseggt, dat eck dat ben. Wenn ju mi seeke, dann loat doch dä andere joahne."

9 Doamet had sich dat Woord erfüllt, wat he jeseggt had: „Von dä, dä du mi jejäwe hest, hebb eck keinem verloare."

10 Simon Petrus had e Schwert met sich. He hett dat rutjetoaje un doamet dem Knecht vom Hohepriester dat rechte Ohr awjeschloaje. Sin Noame öss Malchus.

11 Doa säd Jesus to Petrus: „Steck din Schwert wedder in dä Scheid! Soll eck denn dem Kelch nich drinke, dem der Foader mi jejäwe hett?"

Jesus voar Hannas un Kaiphas un dä Verleujnung vom Petrus

12 Dä Soldate un ähr Hauptmann un dä Lüd von dä Tempelwach neehme Jesus jefange un hebbe em dä Händ tosamme jebunde,

13 un denn brochde se em toeerscht to Hannas. Dat weer Kaiphas sin Schwiejerfoader, un der weer in dissem Joahr der Hohepriester.

14 Dat weer ook der, der dä Jude dem Roat jejäwe had: „Et öss besser, wenn een Mensch for dat Volk starwe deit."

15 Simon Petrus un een anderer Jünger weere Jesus met e jrootem Awstand jefoljt. Disser andere Jünger weer dem Hohepriester bekannt un doarom durfd he met Jesus innem Palast vom Hohepriester met renkoahme.

16 Petrus obber stund buute vorre Där. Doa jing der andere Jünger, der met dem Hohepriester bekannt weer, wedder rut un säd to dem Mäke, dat opp dat Door opppasse deed, e joodet Woord. Un so kreej he Petrus ook met ren.

17 Doa wurd Petrus von dem Mäke jefroajd: „Best du nich ook eener von dä Jünger von dissem Mann?" He säd: „Dat ben eck nich."

18 Wielt et so kold weer, hebbe dä Knechte un Deener sich e Fieer anjemoakt, om sich doaran to wärme. Petrus hett sich doaterto gestellt, om sich ook to wärme.

19 Der Hohepriester froajd nu Jesus äwer sine Jünger un wat he jeleehrt hett.

20 Jesus säd to em: „Eck hebb emmer frei herut jesproake, so dat et jeder heere kunn. Eck hebb jeleehrt inne Synagoge un innem Tempel, wo doch all dä Jude tosamme jekoahme weere. Ganz im Stelle – so under dä Hand – hebb eck nuscht jeleehrt.

21 Wat froajsd du mi? Froaj doch dä Lüd, dä mi tojehorcht hebbe, wat eck enne jeseggt hebb. Ganz bestemmt: Dä weete, wat eck jeseggt hebb."

22 Un als he dat jeseggt had, doa schloaj em eener von dä Knecht, dä doa stunde, innet Jesicht un säd: „So antwoordst du dem Hohepriester?"

23 Jesus säd: „Weer dat nich recht, wat eck jeseggt hebb, dann wies mi dat noa, dat et nich recht weer. Wenn dat obber recht weer, wie kemmst du doaterto, mi to schloaje?"

24 Nu scheckd Hannas em jebunde tum Hohepriester Kaiphas.

25 Simon Petrus stund emmer noch doa un hett sich jewärmt. Doa säde se to em: „Jeheerst du nich ook to sine Jünger?" He obber hett dat awjesträde un säd: „Nei!"

26 Doa säd eener von dä Knecht vom Hohepriester – he weer ver-

wandt met dem Knecht, dem Petrus dat Ohr awjeschloaje had –
„Hebb eck di nich bi em im Joarde jeseehne?"

27 Un wedder streed Petrus dat aw. Jleich doaropp hett dä Hoahn
jekräht.

Jesus voar Pilatus

28 Von Kaiphas brochde se em tum Prätorium, dem Palast vom rö-
mische Statthooler. Et weer noch freeh am Morje. Dä Ankläjer
jinge nich met ren, wielt se sich nich unrein moake wullde, denn
sonst kunne se nich bim Passah doabi sen.

29 Doa keem Pilatus to enne rut un froajd: „Wat hebb ju jäjen dissem
Mann voartobringe?"

30 Se säde to em: „Wenn disser nuscht verbroake had, denn würd wi
em nich an di utleewere."

31 Doa säd Pilatus to enne: „Denn nähmt em doch selwst voar un
verurteilt em noa junem eejene Jesetz. Doa säde dä Jude to em:
„Ons steiht dat nicht to; wi derfe keinem doodmoake."

32 Doamet sulld sich dat Woord erfülle, dat he jesegt had, opp wel-
che Oart he starwe ward.

33 Doa jing Pilatus wedder int Prätorium ren, leet Jesus roope un säd
to em: „Du best vonne Jude de Keenich?"

34 Jesus säd: „Seggst du dat von di selwst ut, oder hebbe andere Lüd
di dat äwer mi jesegt?"

35 Pilatus antwoord doaropp: „Eck ben doch kein Jud! Din eejenet
Volk un dä Hohepriester hebbe di an mi utjeleewert. Wat hest du
verbroake?"

36 Jesus säd: „Min Keenichriek öss nich von disse Welt. Wenn min
Riek met disse Welt wat to doone had, denn michte mine Deener
sich for mi ensette, dat eck nich in dä Händ vonne Jude falle do.
Nu obber öss min Riek nich von disse Welt."

37 Doa froajd Pilatus: „Obber dennoch best du e Keenich?" Jesus
säd: „Du hest et rechtich jesegt: Eck ben e Keenich. Eck ben
doaterto jebore worde un in disse Welt jekoahme, dat eck mi for
dä Woahrheit ensette do. Jeder, der dat ook mette Woahrheit hoole
deit, der ward opp mine Stemm heere."

38 Doa säd Pilatus to em: „Wat öss Woahrheit?" Un als he dat je-
seggt had, jing he wedder rut to dä Jude un säd to enne: „Eck kann
an em nuscht finde, wat em schuldich moakt.

39 Nu well eck ju wat segge: Dat öss doch bi ju so usus, dat eck ju
tum Passahfest eenem Jefangene freijäwe do. Soll eck ju de Jude
ährem Keenich freiloate?"

40 Doa schreeje se luuthals: „Nich dissem, denn leewer Barrabas!"
Un Barrabas? – dat weer e Reiber.

Kapitel 19

Jesus ward gefange jenoahme un jejeißelt

1 Doaropp hen leet Pilatus Jesus mette Pitsch jeißele.

2 Dä Soldate hebbe e Kron ut Dorne jeflochte un em oppe Kopp
jesett. Ook e rodem Mantel hebbe se em omjeleggt.

3 Dann keeme se an em ran un säde: „Jooden Dach, du Judekee-
nich!" Un denn hebbe se em innet Jesicht jeschloaje.

4 Un denn keem Pilatus wedder noa buute un hett to enne jesproa-
ke: „Kickd, nu loat eck em wedder to ju rutbringe, doamet ju
erkenne könne, dat eck ook nich dä jeringste Schuld an em finde
kann."

5 Doa keem Jesus rut un had dä Dornekron oppem Kopp un dem
rode Mantel om em rom. Pilatus säd to enne: „Kickd hen, hier öss
he, der Mensch!"

Dä Verurteilung

6 Als dä Hohepriester un Knechte em jeseehne hade, finge se an to
schriee: „Ant Kriez met em! Ant Kriez met em!" Doa säd Pilatus:
„Denn könn ju em joa metnähme un ant Kriez schloaje! Eck kann
bim beste Welle keine Schuld an em finde."

7 Dä Jude hebbe doaropp jeantwoord: „Wi hebbe e Jesetz, un noa
dissem Jesetz mott he starwe, denn he hett sich selwst tum Sähn
von Gott jemoakt."

8 Als Pilatus dat Woord jeheerd had, doa kreej he dat noch mehr
mette Angst to doone.

9 Un doa jing he wedder ren int Pretorium un säd to Jesus: „Von wem stammst du aw?" Obber Jesus jeew em keine Antwoort.

10 Doa säd Pilatus to em: „Redst du nich mehr met mi? Weetst du nich, dat eck Macht hebb, met di to moake, wat eck well – eck kann di frei loate, un eck kann di ook ant Kriez schloaje loate."

11 Jesus antwoord em: „Du kannst mi nuscht andoone, wenn di dä Macht nich von boawe jejäwe weer. Doarom: Der hett jrettere Sünd opp sinem Jewesse, der mi di in dä Händ jespält hett."

12 Von nu an wull Pilatus allet doone, om em frei to loate. Dä Jude obber finge wedder an to schriee: „Wenn du dissem Mann loope lettst, dann best du nich mehr dä Frind vom Kaiser; denn jeder, der sich tum Keenich moake deit, der stellt sich doamet jäjen dem Kaiser."

13 Als Pilatus dat jeheert had, leet he Jesus wedder rutbringe un huckd sich opp sinem Richterstoohl. Dat weer an dä Stell, dat Steenflaster heet, wat opp Hebräisch met Gabbata äwersett ward.

14 Un dat weer am Rüstdach vorrem Passahfest so jäjen zwölf Uhr. Un Pilatus säd to dä Jude: „Kickd hen! Dat öss jun Keenich!"

15 Un se funge noch e moal an to schriee: „Anne Sied met em. Schloaj em ant Kriez." Doa säd Pilatus: „Soll eck junem Keenich ant Kriez schloaje loate?" Dä Hohepriester säde doaropp: „Wi hebbe keinem andere Keenich als dem Kaiser."

16 Doa jeew he em in ähre Händ, dat he ant Kriez jeschloaje wurd.

Kriezijung un Dood

Nu neehme se Jesus

17 un he schleppd sin Kriez selwst rut utte Stadt to eenem Platz met dem Noame Doodekopp-Platz. Der heet opp Hebräisch Golgatha.

18 Durt hebbe se em ant Kriez jeschloaje un met em tosamme noch zwei andere; eener an jede Sied, Jesus obber inne Medd.

19 Pilatus leet noch wat oppschriewe, dat am Kriez befestijt wurd. Doa stund jeschräwe: „Jesus von Nazareth – dä Jude ähr Keenich."

20 Disse Schrefft hebbe väle Jude jeläse, denn dä Platz, wo Jesus jekriezijt wurd, weer dicht bi dä Stadt. Dat weer jeschräwe opp

Hebräisch, Latinisch un Jriechisch.

21 Doa säde dä Hoheprieser vonne Jude to Pilatus: „Schriew nich: ‚Dä Jude ähr Keenich', sondern dat he jeseggt hett: ‚Eck ben dä Jude ähr Keenich."

22 Pilatus obber säd: „Wat eck jeschräwe hebb, dat hebb eck jeschräwe."

23 Dä Soldate, dä dä Kriezijung utjefeehrt hebbe, neehme sine Kleeder un hebbe se in vier Stecke oppjedeelt un ook dat Jewand. Dat weer nich tosamme jeneejt, wielt et in eenem Steck jeweewt weer.

24 Un denn säde se undernander: „Loat ons dat Jewand nich oppdeele. Wi ware dat Los doarom schmiete, und denn jeheert et eenem alleen. So wurd dä Schrefft (Psalm 22,19) erfüllt: „Se hebbe mine Kleeder under sich oppjedeelt, un äwer min Jewand hebbe se dat Los jeschmäte." Un jenau so hebbe dä Soldate et ook utjefeehrt.

25 Bim Kriez stunde dä Mutter von Jesus und dä Schwester von sine Mutter, denn ook noch Maria, wat dä Fru von Klopas weer, un ook Maria ut Magdala.

26 Als Jesus sine Mutter un ook dem Jünger, dem he leew had, jeseehne hett, doa säd he to sine Mutter: „Mutter, dat öss nu din Sähn!"

27 Un denn kickd he to dem Jünger un säd: „Bedenk, dat öss nu dine Mutter!" Von disse Stund an neehm der Jünger se met in sin Hus.

28 Doaternoa wussd Jesus, dat allet schon vollbracht öss un noa dä Schrefft erfüllt öss (Psalm 22,16), doa säd he: „Mi derscht."

29 Doa stund e Krooj met Essich. Doa hebbe se e Schwamm met Essich anne Ysopstang jebunde un an sinem Mund jehoole.

30 Noadem he dem Essich jenoahme had, säd he: **„Nu össet vollbracht!"** In dissem Moment kebbd sin Kopp no unde, un he weer jestorwe.

31 Nu weer dat obber Fridach un dä Jude wullde nich, dat äwer dem Sabbat dä Doodje am Kriez hänge bliewe. Disser Sabbat weer e besonders jrooter Festdach. Doarom hebbe dä Jude Pilatus doarom jebäd, dat enne dä Beene jebroake un se dann ook vom Kriez awjenoahme ware.

32 Doa keeme dä Soldate un hebbe dem eerschte dä Beene jebroake un denn ook dem andere, der met em ant Kriez jeschloaje wurd.

33 Als se denn to Jesus keeme, hebbe se jeseehne, dat he schon dood weer un doa hebbe se sine Beene nich jebroake.

34 Eener von dä Soldate neehm sine Lanz un hett doamet in sine Sied jestoake. Doa keem jleich Blood un Woater rut.

35 Un der dat jeseehne had, der deit dat bezeuje, un wat he bezeujt, dat öss woahr. He weet, dat he dä Woahrheit seggt, doamet ju dat jloowe.

36 Dat öss allet so passeert, doamet dä Schrefft erfüllt wurd (2. Mose 12,46): „Em soll kein Knoake jebroake ware."

37 Ook noch e andere Stell vonne Schrefft hett sich doamet erfüllt (Sacharja 12,10): „Se ware dem seehne, dem se dorchboohrt hebbe."

Innet Jraff legge

38 Josef von Arimathia weer ook een Jünger von Jesus, obber he weer dat ganz im Stelle for sich ut Angst voar dä Jude. He keem to Pilatus un hett doarom jebäd, dat he dä Liek vom Kriez awnähme darf. Un Pilatus hett em dat tojeseggt. So keem he denn her un hett dä Liek awjenoahme.

39 Et keem ook Nikodemus doaterto, der doamoals om Meddernacht to Jesus jekoahme weer. He had Myrrhe un Aloe tosamme jemescht un metjebrocht. Dat weere so om dä hundert Pund.

40 Doa neehme se Jesus sine Liek un weckelde em in Linnedeeker en, dä met jood riekende Kreiter behandelt wurde. Dat allet weer so utjefeehrt, wi dat ook sonst bi e jidischem Bejräbnis ieblich öss.

41 Nu weer obber dicht bi dä Stell, wo dat Kriez jestande had, e Joarde. Un in dissem Joarde weer ook e nieet Jraff, in dem noch keiner jeläje had.

42 Doa hebbe se em henjeleggt, wielt et Rüstdach weer, un wielt dat Jraff dicht bi weer.

Kapitel 20

Ostermorje

1 Am eerschte Wochedach kemmt Maria Magdalena schon so freeh ant Jraff als et noch diester weer. Se kickd ganz erstaunt, dat dä jroote Steen vom Jraff wech weer.

2 Un se leppt jleich torück un jing to Simon Petrus un to dem andere Jünger, dem Jesus leew had, und säd to enne: „Se hebbe dem Herr uttem Jraff wechjehoalt, un wi weete nich, wo se em henjeleggt hebbe."

3 Doa jinge ook Petrus un der andere Jünger los, om sich oppem Wech tum Jraff hen to moake.

4 Se leepe meteenander, un der andere Jünger, der schneller loope kunn als Petrus, weer toeerscht am Jraff.

5 He beckd sich un hett dä Linedeeker jeseehne, obber he jing nich ren.

6 Nu keem ook Petrus an, obber der jing jleich int Jraff ren un sitt durt dä Linnedeeker ligge.

7 Et full opp, dat dat Dook, dat Jesus ommem Kopp jebunde weer, nich bi dä andere Deeker jeläje had. Dä leeje tosammejerollt anne Stell for sich.

8 Doa jing ook der andere Jünger innet Jraff ren, der toeerscht anjekoahme weer. He hett sich dat ook anjeseehne un hett doaropp hen jejloowt.

9 Beide hebbe se dä Schrefft noch nich verstande, dat Jesus vonne Doodje opperstande mott.

10 Doaternoa jinge dä beide Jünger weeder noa Hus.

Maria ut Magdala

11 Maria stund buute vorrem Jraff un jrient. Als se sich durt nu so utjräne deed, hett se sich jebeckt un innet Jraff renjekickd.

12 Un wat hett se doa jeseehne? Doa, wo Jesus jeläje had, huckde zwei Engel in witte Jewänder – der Eene, wo Jesus met sinem Kopp jeläje had un der Andere weer doa, wo he sine Feet had.

13 Dä säde to ähr: „Fru, worom jrienst du so?" Se jeew tur Antwoort:

„Ach, se hebbe minem Herr wechjenoahme, un eck weet nich, wo se em henjeleggt hebbe."

14 Se had dat jeroad utjesprooke, doa dreejd se sich om un sitt Jesus doa stoahne, obber se weet nich, dat et Jesus öss.

15 Spräkt Jesus to ähr: „Fru, wat jrienst du so? Wem deist du seeke?" Se denkt sich, dat öss der Järtner un säd to em: „Herr, hast du em wechjedroaje, denn segg mi doch, wo du em henjeleggt hest? Denn well eck em hoale."

16 Säd Jesus to ähr: „Maria!" Doa dreejd se sich om un säd opp Hebräisch to em: „Rabbuni!" – un dat heet opp Dietsch „Meister."

17 Jesus säd to ähr: „Pack mi nich an! Denn eck ben noch nich to minem Foader oppjefoahre. Joah obber hen to mine Breeder un segg enne: 'Eck, foahr jetz opp to minem Foader un to junem Foader, to minem Gott un to junem Gott'."

18 Maria von Magdala jeiht to dä Jünger un vertellt enne: „Eck hebb dem Herr jeseehne un dat hett he to mi jeseggt."

Vollmacht vonne Jünger

19 Et weer an dissem eerschte Wochedach am Oawend, doa hade sich dä Jünger ut Angst voar dä Jude hinder verschloatene Däre versammelt. Opp eenmoal weer Jesus doa, un he stund in ähre Medd un hett se bejreeßt met dem Woord: „Friede met ju!"

20 Noadem he dat jeseggt had, zeijd he enne dä Händ un sine Sied. Doa freide sich dä Jünger, dat se dem Herr vorre Ooje hade.

21 Un noch e moal säd Jesus to enne: „Friede met ju! Jroad so wie der Foader mi utjescheckt hett, so moak eck dat ook met ju."

22 Un als he dat jeseggt had, doa hett he dä Jünger anjebloase un enne jeseggt: „Nähmt hen dem Heilije Geist!"

23 „Wem ju dä Sünde verjäwe doone, dem sent se verjäwe. Wem ju obber dä Sünd behoole, der bliewt opp sine Sünd hucke."

Thomas

24 Thomas, der ook Zwilling jenannt wurd, weer eener von dä zwölf Jünger. He weer nich doabi als Jesus sich tum eerschte Moal dä andere Jünger jezeijt had.

25 Dä andere Jünger vertellde em, dat se dem Herr jeseehne hade. He säd: „Dat jloow eck nich, bevoar eck nich dä Wunde inne sine Händ, wo dä Näjel dorchjeschloaje wurde, to seehne kriej. Eck mott dat eerscht met minem Finger bereehre, un ook in sine Sied well eck min Finger legge.

26 Acht Doaj späder weere dä Jünger wedder versammelt. Disset Moal weer ook Thomas doabi. Dä Däre weere verschloate; doch pletzlich stund Jesus – wie ook doamoals – wedder in ähre Medd. He säd: „Friede met ju!"

27 Denn säd he to Thomas: „Legg dine Finger opp disse Stell hier un kick di mine Händ an. Legg ook dine Hand in dä Wund an mine Sied. Un nu loat los von dinem Unjloowe un jloow."

28 Thomas säd doropp: „Min Herr un min Gott!"

29 Doa säd Jesus to em: „Du jloowst, wielt du mi jeseehne hest. Seelich sent dä, dä nich jeseehne hebbe un doch jloowe!"

Ziel von dissem Book

30 Noch väle andere Wunder hett Jesus jedoone, wo sine Jünger doabi weere. Et öss obber nich allet oppjeschräwe worde.

31 Disse obber sent oppjeschräwe worde, doamet ju jloowe, dat Jesus Christus der Sähn von Gott öss un dat ju dorch dem Jloowe an em in sinem Noame dat ewije Läwe hebbe.

Kapitel 21

Jesus am See Tiberias

1 Doaternoa hett sich Jesus wedder bi sine Jünger jezeijt. Dat weer am See Genezareth un dat hett sich so tojedroaje:

2 Doa weere tosamme jekoahme: Simon Petrus un Thomas, to dem se ook Zwilling jeseggt hebbe, Nathanael ut Kana in Galiläa, dä beide Sähn von Zebedäus un noch zwei andere Jünger.

3 Doa säd Petrus to enne: „Eck war nu tum Fesche joahne." Se säde to em: „Wi welle met di metkoahme." So sent se in dat Boot enjestäje, obber dä ganze Nacht äwer hebbe se nuscht jefange.

4 Als dat nu schon hell wurd, doa stund Jesus am Ufer. Obber dä

Jünger wussde nich, dat et Jesus weer.

5 Doa seggt Jesus to enne: „Kinder, hebb ju nuscht to äte?" Se säde: „Nei!"

6 He sproak to enne: „Schmiet dat Netz e moal rechterhand vom Boot rut, un denn war ju finde." Dat hebbe se jleich jedoone. Nu kunne se dat Netz kuum noch hochteene, wielt doa so väl Fesch dren weere.

7 Doa säd der Jünger, dem Jesus leew had, to Petrus: „Du, dat öss der Herr!" Als Simon Petrus dat jeheert had, dat et der Herr öss, doa schmeet he sich dem Oarbeitskittel om, denn he weer nackt jewäse, un sprung foorts int Woater.

8 Dä andere Jünger bleewe im Boot un keeme etwas späder an Land. Dat weere man bloß so hundert Meter, un se schleppde dat Netz mette Fesch.

9 Als se denn am Land weere, hebbe se e Koahlefieer jeseehne un doaropp wurd Fesch jebroade, un Brot weer ook doabi.

10 Doa säd Jesus to enne: „Bringt noch e poar von dä Fesch doaterto, dä ju jroad jefange hebbe!"

11 Doa jing Petrus wedder int Boot un hett dat Netz an Land jetoaje. Dat weer voll met jroote Fesch – hunderdreiunfuffzich (153). Man mussd sich wundere, dat dat Netz nich terräte öss, wielt so e jroote Meng dren weer.

12 Sprook Jesus to enne: „So, nu kommt eerscht e moal her un freehsteckt met mi!" Keiner von dä Jünger had dem Mut, em to froaje: „Wer best du?" Eejentlich wussde se, dat et der Herr öss.

13 Doa kemmt Jesus opp enne to un jefft enne dat Brot un ook dä Fesch.

14 Dat weer nu dat dredde Moal, dat Jesus sich bi sine Jünger jezeijt had, noadem he von dä Doodje opperstande weer.

Petus un Johannes

15 Noadem Jesus dat Moahl met enne jehoold had, seggt he to Simon Petrus: „Simon, du best joa der Sähn von Johannes, hest du mi mehr leew als disse hier?" He seggt doaropp: „Herr, du weetst, dat eck di leew hebb." Jesus seggt em: „Weid mine Lämmerkes!"

16 Seggt he tum zweite Moal to em: „Simon, du best joa der Sähn von Johannes, hest du mi leew?" He seggt: „Joa, Herr, du weetst, dat eck di leew hebb." Doa säd Jesus to em: „Weid mine Schoapkes!"

17 Doa säd he tum dredde Moal to em: „Simon, du best joa der Sähn von Johannes; hest du mi leew?" Doa wurd Petrus truurich, wielt he tum dredde Moal jeseggt had: ‚Hest du mi leew?', un säd to em: „Herr, du weetst doch allet, un denn weetst du doch ook, dat eck di leew hebb." Doa säd Jesus: „Weid mine Schoapkes!"

18 Obber dat Eene well eck di noch segge: „Als du jünger weerschst, doa hest du di dinem Dirschus selwst omjebunde un jingst, wohen du joahne wullsd. Wenn du obber old warschst, denn deist du dine Händ utstrecke, un een anderer ward di dem Dirschus omlegge, un du mottst joahne, wo du nich hen wellst.

19 Doamet wull he andiede, opp wat for eene Oart he Gott met sinem Dood verherrliche ward. Un noadem he dat jeseggt had, säd he to em: „Folj mi noa!"

20 Doa dreejd sich Petrus om, un hett dem Jünger folje jeseehne, dem he leew had un der bim Oawendmoahl an sine Sied weer un der jeseggt had: „Herr, wer öss dat, der di verroade deit?"

21 Als Petrus dissem jeseehne had, säd he to Jesus: „Herr, wat ward met em?"

22 Jesus säd to em: „Wenn eck well, dat he bliewe deit, bis eck wedder koahm, wat jeiht di dat an? Du obber folj mi noa!"

23 Under dä Breeder keem dä Red opp: „Disser Jünger ward nich starwe." Obber Jesus had nich jeseggt: „He ward nich starwe, sondern: Wenn eck well, dat he bliewe deit, bis eck koahm, wat jeiht di dat an?"

24 Ditt öss der Jünger, der dat allet bezeujt un oppjeschräwe hett, un wi weete, dat allet woahr öss, wat he bezeuje deit.

25 Et sent noch ganz väl mehr Dinge, dä Jesus jedoone hett. Wenn obber eent num andere oppjeschräwe ware soll, dat öss mi kloar, dä Welt micht nich jenooch Platz hebbe, om all dä Beeker undertobringe, dä to schriewe weere.

Im Folgenden sind die 9 ausgewählten Psalmen 23, 32, 46, 61, 90, 91, 103, 110, 139 in Ostpreußisch und in Hochdeutsch nach der Luther-Übersetzung 1984 aufgeführt. Durch Vergleich mit der hochdeutschen Fassung erschließt sich dem Leser auch das Ostpreußische. Dabei ist zu bedenken, dass die ostpreußische Übersetzung oft recht frei gestaltet wurde. Das war erforderlich, um einen optimalen Lesefluss zu gewährleisten.

Psalm 23
Der goode Hirt

1 Der Herr öss min jooder Hirt;
doarom ward mi niemoals nich irjentwat fähle.

2 Du bringst mi oppe jreene Weid
un zeijst mi, wo dat fresche Woater öss.

3 He moakt, dat min Seelke nur so jubele kann.
He jeiht mi voaran opp minem Wech,
dat eck mi nich verbiestere do.
Sin Noame öss doafär dä beste Jarantie.

4 Ook, wenn eck e moal dorche diestere Schlucht joahne mott,
bebb eck doch keine Angst, dat mi wat passeere deit,
wielt du joa emmer bi mi best.
Schon din starker Kruckas ward mi emmer jenooch Trost jäwe.

5 Du deckst mi e äwervollem Desch,
ook, wenn alle mine Feind doabi tokicke motte.
Du deist minem Kopp met Öl enriewe,
wielt dat e besonderer Säjen for mi sen soll
un moakst mi alle Bäker bis tum äwerloope voll.

6 Met Joodem un Barmherzigkeit
deist du mi e ganzet Läwe lang beschenke,
un eck war in dinem Hus for emmer un ewich bliewe derfe.

Psalm 23
Der gute Hirte

1 Der Herr ist mein Hirte, mir wird nichts mangeln.

2 Er weidet mich auf einer grünen Aue
   und führet mich zum frischen Wasser.

3 Er erquicket meine Seele.
   Er führet mich auf rechter Straße um seines Namens willen.

4 Und ob ich schon wanderte im finsteren Tal,
   fürchte ich kein Unglück;
   denn du bist bei mir,
   dein Stecken und Stab trösten mich.

5 Du bereitest vor mir einen Tisch
   im Angesicht meiner Feinde.
   Du salbest mein Haupt mit Öl
   und schenkest mir voll ein.

6 Gutes und Barmherzigkeit
   werden mir folgen mein Leben lang,
   und ich werde bleiben im Hause des Herrn immerdar.

Psalm 32
Vom Säjen, wenn dä Sünd verjäwe sent

1 Wat össet doch man jood for dem,
dem alle Äwertretunge verjäwe sent,
un bi dem alle Sünd tojedeckt sent.

2 Wie kann der sich jlöcklich feehle,
dem der Herr sine Schuld nich mehr anräkene deit,
un in sinem Geist nuscht Falschet mehr to finde öss.

3 Toeerscht wulld eck mine Schuld verschweije,
un dat bekeem mi nich bis hen to dä Knoakes,
ook min Kloaje dachsäwer hett mi nuscht jeholpe.

4 Dine Hand dreckd mi Dach un Nacht so doll,
dat min Läwenssaft anfing to verdruckene,
so wie im Sommer alle Bleeje verkrumpele.

5 Dat allet brocht mi doaterto, di mine Sünd to bekenne,
un alle mine Schuld voar di hentolegge.
Eck säd: Herr, all dat, wat mi so bedränge deit, legg eck di hen.
Un doa hest du mi dä jroote Schuld von mine Sünd verjäwe.

6 Wielt dat so öss, ware alle Heilije to di bäde,
wenn dä Angst enne to packe krecht.
Doarom könn wi ook jloowe,
wenn dä jroote Woaterflute koahme ware,
dat se nich bis to dä Heilije rankoahme doone.

7 Du best der jroote Scherm äwer mi,
so dat dä Angst nich an mi rankoahme kann.
For disse Rettung well eck dinem Noame Ehr erwiese,
un dat do eck oppe janz freehliche Oart.

Psalm 32
Vom Segen der Sündenvergebung

1 Eine Unterweisung Davids.
  Wohl dem, dem die Übertretungen vergeben sind,
  dem die Sünde bedeckt ist!

2 Wohl dem Menschen,
  dem der HERR die Schuld nicht zurechnet,
  in dessen Geist kein Trug ist!

3 Denn als ich es wollte verschweigen,
  verschmachteten meine Gebeine
  durch mein tägliches Klagen.

4 Denn deine Hand lag Tag und Nacht schwer auf mir,
  dass mein Saft vertrocknete,
  wie es im Sommer dürre wird.

5 Darum bekannte ich dir meine Sünde,
  und meine Schuld verhehlte ich nicht.
  Ich sprach: Ich will dem HERRN meine Übertretungen bekennen.
  Da vergabst du mir die Schuld meiner Sünde.

6 Deshalb werden alle Heiligen zu dir beten
  zur Zeit der Angst.
  Darum, wenn große Wasserfluten kommen,
  werden sie nicht an sie gelangen.

7 Du bist mein Schirm,
  du wirst mich vor Angst behüten,
  dass ich errettet gar fröhlich rühmen kann.

8 Eck well di bistoahne un di underwiese,
opp welchem Wech du joahne sollst.
Et sent mine Ooje, dä di rechtich leite ware.

9 Passt opp, dat ju sich nich so verhoole
doone wie dä Peerd un Äsel,
dä nich solchem Verstand wie ju hebbe.
Denne mott man dat Zuumziech anlegge,
sonst koame se nicht to di.

10 Dä gottlose Lüd motte väle Ploaje erdroaje,
wer sich obber oppem Herr verloate deit,
der ward vom Joode so omjäwe wie von eenem Mantel.

11 Ju könne sich janz doll freie, wielt ju dem Herr hebbe.
Ju sent nu sine Jerechte, dat let ju freehlich sen.
Dä ju to em jeheere, hoppst for Freud!

Psalm 46
Gott öss for ons e feste Burj

1 Een Leed von dä Sähn von Korach.
Dat öss opp dä selwije Oart voartosinge wie dä „Jungfrues".

2 Gott öss onse Toversicht un Stärk,
he öss dä eenzije Help in disse jroote Nottiede,
dä ons jetz jetroffe hebbe.

3 Dat öss ook dä Jrund, wielt wi keine Angst hebbe,
dat blefft bestoahne, ook wenn dä Welt underjoahne michd
un all dä Barje inne Med vom Meer versinke würd.

4 Dat Meer kann sich noch so opptürme un hoje Welle schloaje,
dat selwst dä Barje daovon omkeppe.

8 ,Ich will dich unterweisen und dir den Weg zeigen,
den du gehen sollst;
ich will dich mit meinen Augen leiten.'

9 Seid nicht wie Rosse und Maultiere,
die ohne Verstand sind,
denen man Zaum und Gebiss anlegen muss;
sie werden sonst nicht zu dir kommen.

10 Der Gottlose hat viel Plage;
wer aber auf den HERRN hofft,
den wird die Güte umfangen.

11 Freuet euch des HERRN und seid fröhlich, ihr Gerechten,
und jauchzet, alle ihr Frommen.

Psalm 46
Ein feste Burg ist unser Gott

1 Ein Lied der Söhne Korach, vorzusingen,
nach der Weise »Jungfrauen«.

2 Gott ist unsre Zuversicht und Stärke,
eine Hilfe in den großen Nöten,
die uns getroffen haben.

3 Darum fürchten wir uns nicht,
wenngleich die Welt unterginge
und die Berge mitten ins Meer sänken,

4 wenngleich das Meer wütete und wallte
und von seinem Ungestüm die Berge einfielen.

5 Dennoch soll dä Stadt von Gott nuscht doavon merke,
   allet blefft fest bestoahne,
   dä Woahnunge sent heilij un jeheere dem Höchste.

6 Gott öss bi enne in ähre Medd,
   doarom hett allet e festem Bestand.
   Dä Help von Gott öss doa, un dat schon freeh am Morje.

7 Obber dä Heide motte verzoaje,
   ook Keenichrieke koahme to Fall.
   Dä Eerd mott verjoahne,
   wenn he sich seehne lett.

8 Der Herr Zebaoth öss emmer met uns.
   Derselwije Gott wie von Jakob öss ook onser Schutz.

9 Koahmt man alle her un bekickd dä Werke vom Herr,
   wat he oppe Eerd an Zersteerunge anrechte deit.

10 He lenkt dä Krieje oppe ganze Welt,
   he terbräkt dä Booje,
   he terfetzt dä Spieße
   un verbrennt dä Kriejswoaje met Fieer.

11 Bliew stell stoahne,
   dat ju erkenne könne, dat eck Gott ben.
   Eck well der Heechste sen under dä Heide,
   un der Heechste oppe janze Eerd.

12 Der Herr Zebaoth öss met ons,
   der Gott von Jakob öss ook onser Schutz.

5 Dennoch soll die Stadt Gottes fein lustig bleiben
mit ihren Brünnlein, da die heiligen
Wohnungen des Höchsten sind.

6 Gott ist bei ihr drinnen, darum wird sie festbleiben;
Gott hilft ihr früh am Morgen.

7 Die Heiden müssen verzagen
und die Königreiche fallen,
das Erdreich muss vergehen,
wenn er sich hören lässt.

8 Der HERR Zebaoth ist mit uns,
der Gott Jakobs ist unser Schutz.

9 Kommt her und schauet die Werke des HERRN,
der auf Erden solch ein Zerstören anrichtet,

10 der den Kriegen steuert in aller Welt,
der Bogen zerbricht, Spieße zerschlägt
und Wagen mit Feuer verbrennt.

11 Seid stille und erkennet, dass ich Gott bin!
Ich will der Höchste sein unter den Heiden,
der Höchste auf Erden.

12 Der HERR Zebaoth ist mit uns,
der Gott Jakobs ist unser Schutz.

Psalm 61
Jebäd un Jebäd for andere von wiet wech

2   Gott, heer doch opp min schriee, un acht doch opp min Jebäd.

3   Vom andere End vonne Eerd roop eck to di;
    min Herz öss for Angst oppjeweehlt.
    Feehr mi doch oppe hojem Fels ropp.

4   Du alleen best mine Toversicht,
    du best mi e starker Turm jäjen mine Feind.

5   Loat mi ewich in dinem Zelt woahne
    un durt Toflucht hebbe under dine Flochte.

6   Du, min Gott, heerscht du, wat eck di versproake hebb.
    Jeff mi doch een Andeel von dem,
    wat dä Lüd aarwe ware, dä dinem Noame fürchte doone.

7   Jeff doch dem Keenich e langet Läwe,
    dat he noch väle Joahre voar sich hett.

8   Un loat sinem Thron voar di Bestand hebbe.
    Loat dine Jüt un Trei nich von em aw.

9   Eck well dinem Noame in alle Ewichkeit besinge,
    un loat mi an jedem Dach dat doone, wat eck di versproake hebb.

Psalm 61
Bitte und Fürbitte aus der Ferne

2 Höre, Gott, mein Schreien und merke auf mein Gebet!

3 Vom Ende der Erde rufe ich zu dir;
   denn mein Herz ist in Angst;
   du wollest mich führen auf einen hohen Felsen.

4 Denn du bist meine Zuversicht,
   ein starker Turm vor meinen Feinden.

5 Lass mich wohnen in deinem Zelte ewiglich
   und Zuflucht haben unter deinen Fittichen.

6 Denn du, Gott, hörst mein Gelübde
   und gibst mir teil am Erbe derer,
   die deinen Namen fürchten.

7 Du wollest dem König ein langes Leben geben,
   dass seine Jahre währen für und für.

8 dass er immer throne vor Gott.
   Lass Güte und Treue ihn behüten.

9 So will ich deinem Namen lobsingen ewiglich,
   dass ich meine Gelübde erfülle täglich.

Psalm 90
Toflucht in onse Verjänglichkeit

1   E Gebäd von Mose, un der öss e Mann von Gott,
      Herr, du best onse Toflucht for emmer un ewich.

2   Noch lang bevoar dä Barje erschaffe worde sen
      un disse Eerd und dat janze Weltall,
      best du schon doa jewäse,
      un dat ook schon von Ewichkeit to Ewichkeit.

3   Du lettst dä Mensche starwe, obber du seggst ook:
      Koahmt wedder, mine Menschenkinder!

4   Denn bi di moakt et kein Unterschied,
      ob et duusent Joahr sent, dä verjange sent
      oder jroad moal der jistrije Dach
      oder e korze Nachtwach.

5   Du lettst dä Mensche doahenfoahre wie innem jroote Strom.
      Se sent man bloß wie e Schloap
      un wie e kleener Jrashalm, der morjens noch sprieße deit,

6   un am spädere Morje noch bleejt un sprosst,
      obber am Oawend öss he schon welk un verdruckend.

7   Dä Jrund doafär öss din Zorn,
      dat wi so verjoahne motte
      und din Jrimm, dat wi pletzlich nich mehr doa sent.

8   Alle onse Verfehlunge stellst du voar di hen,
      onse unerkannte Sünd steiht im Licht von dinem Anjesicht.

9   Wejen dinem Zorn foahre onse Doaj schnell doahen,
      wi verbringe onse Doaj wie en Henjeplapper.

Psalm 90
Zuflucht in unserer Vergänglichkeit

1 Ein Gebet des Mose, des Mannes Gottes.
  Herr, du bist unsre Zuflucht für und für.

2 Ehe denn die Berge wurden und die Erde
  und die Welt geschaffen wurden,
  bist du, Gott, von Ewigkeit zu Ewigkeit.

3 Der du die Menschen lässest sterben
  und sprichst: Kommt wieder, Menschenkinder!

4 Denn tausend Jahre sind vor dir
  wie der Tag, der gestern vergangen ist,
  und wie eine Nachtwache.

5 Du lässest sie dahinfahren wie einen Strom,
  sie sind wie ein Schlaf,
  wie ein Gras, das am Morgen noch sprosst,

6 das am Morgen blüht und sprosst
  und des Abends welkt und verdorrt.

7 Das macht dein Zorn, dass wir so vergehen,
  und dein Grimm, dass wir so plötzlich dahin müssen.

8 Denn unsre Missetaten stellst du vor dich,
  unsre unerkannte Sünde ins Licht vor deinem Angesicht.

9 Darum fahren alle unsre Tage dahin durch deinen Zorn,
  wir bringen unsre Jahre zu wie ein Geschwätz.

10 Onser Läwe duert man bloß siebzich Joahr,
   un wenn et hoch kemmt, denn koahm wi opp achtzich Joahr.
   Un wat ons daran kestlich erschiene deit,
   öss man doch bloß e verjäblichet Awrackere,
   wielt et so schnell doahen foahre deit,
   so wie e Voajel wechfleejd
   un wi em denn nich mehr seehne.

11 Wer deit dat noch jloowe, dat du met ons zürnst,
   un wer fircht sich noch voar dinem Jrimm?

12 Lehr ons dat doch to bedenke,
   dat wi starwe motte un doadurch klooch ware.

13 Herr, do di doch endlich wedder to ons henwende,
   un si met diner Jnoad bi dine Knechte.

14 Loat dine Jnoad doch schon in freehe Joahre bi ons sen,
   dann well wi dinem Noame vereehre
   un könne onser ganzet Läwe freelich sen.

15 Erfrei doch wedder onser Herz,
   noadem du ons so lang dä Ploaje jescheckt hest,
   un noadem wi so lang dat Unjleck erliede mussde.

16 Zeij doch dine Werke for dine Knechte,
   un loat ähre Kinder dine Herrlichkeit erkenne könne.

17 Der Herr, onser Gott, michd frendlich to ons sen,
   un dä Werke, dä wi doone, soll he jelinge loate.

10 Unser Leben währet siebzig Jahre,
und wenn's hoch kommt, so sind's achtzig Jahre,
und was daran köstlich scheint,
ist doch nur vergebliche Mühe;
denn es fähret schnell dahin,
als flögen wir davon.

11 Wer glaubt's aber, dass du so sehr zürnest,
und wer fürchtet sich vor dir in deinem Grimm?

12 Lehre uns bedenken, dass wir sterben müssen,
auf dass wir klug werden.

13 HERR, kehre dich doch endlich wieder zu uns
und sei deinen Knechten gnädig!

14 Fülle uns frühe mit deiner Gnade,
so wollen wir rühmen und fröhlich sein unser Leben lang.

15 Erfreue uns nun wieder,
nachdem du uns so lange plagest,
nachdem wir so lange Unglück leiden.

16 Zeige deinen Knechten deine Werke
und deine Herrlichkeit ihren Kindern.

17 Und der Herr, unser Gott, sei uns freundlich /
und fördere das Werk unsrer Hände bei uns.
Ja, das Werk unsrer Hände wollest du fördern!

Psalm 91
Under dem Schutz von Gott

1 Wer under dem Schirm vom Höchste huckt,
un under dem Schatte vom Allmächtje bliewe deit,

2 der spräkt tum Herr:
Du best mine Toversicht un mine Burj,
du best min Gott, opp dem eck hoffe do.

3 Du best et, der mi errette deit
vom Streck vonne Jäger
un ook vonne verderbliche Pest.

4 He ward di met sine Fittiche todecke,
un under sine Flochte warscht du Toflucht finde.
Sine Woahrheit öss Schirm un Schild.

5 Doarom bruukst du di nich to erschrecke
voar dä Diesternis inne Nacht,
voar dä Pfeile, dä am Dach opp di hen gericht sent,

6 voar dä Pest, dä sich im Diestere an di ran schlieke deit,
voar dä Seich, dä di to Meddach int Verdarwe bringe well.

7 Ook, wenn duusent an dine Sied falle ware
un zehnduusent anne rechte Sied,
so ward et di doch nich treffe.

8 Joa, du warscht et met dine eejene Ooje seehne
un tokicke, wie Gott met dä Gottlose omjeiht.

9 Dat blefft bestoahne, der Herr öss dine Toversicht,
der Heechste öss dine Toflucht.

Psalm 91
Unter Gottes Schutz

1 Wer unter dem Schirm des Höchsten sitzt
und unter dem Schatten des Allmächtigen bleibt,

2 der spricht zu dem HERRN:
Meine Zuversicht und meine Burg,
mein Gott, auf den ich hoffe.

3 Denn er errettet dich vom Strick des Jägers
und von der verderblichen Pest.

4 Er wird dich mit seinen Fittichen decken,
und Zuflucht wirst du haben unter seinen Flügeln.
Seine Wahrheit ist Schirm und Schild,

5 dass du nicht erschrecken
musst vor dem Grauen der Nacht,
vor den Pfeilen, die des Tages fliegen,

6 vor der Pest, die im Finstern schleicht,
vor der Seuche, die am Mittag Verderben bringt.

7 Wenn auch tausend fallen zu deiner Seite
und zehntausend zu deiner Rechten,
so wird es doch dich nicht treffen.

8 Ja, du wirst es mit eigenen Augen sehen
und schauen, wie den Gottlosen vergolten wird.

9 Denn der HERR ist deine Zuversicht,
der Höchste ist deine Zuflucht.

10 Di ward nuscht Üblet passeere,
   un keine Ploaj kemmt an din Hus ran.

11 Wielt he sine Engel dem Befehl jejäwe hett,
   di opp alle dine Weeje to beschütze,

12 dat se di opp ähre Händ droaje un opppasse,
   dat din Foot sich nich an einem Steen steete deit.

13 Du warscht äwer Löwe un Otter joahne
   un doabi junge Löwe un Drache tertrampele.

14 „He leewt mi, un doarom well eck em errette,
   he kennt minem Noame, un doarom well eck em bewoahre.

15 He reppt mi an, doarom well eck em erheere,
   wenn he e Not hett, ben eck bi em,
   eck well em befreie un to Ehre bringe.

16 Bi mi krecht he dä Help, dä he jeroad bruukt,
   Eck jäw em e langet un erfülltet Läwe."

Psalm 103
Dat hohe Leed vonne Barmherzigkeit von Gott

1 Lob dem Herr, min Seelke,
  un allet, wat en mi öss, sinem heilije Noame.

2 Lob dem Herr, min Seelke,
  un verjät niemoals nich, wat He di Joodet jedoane hett;

3 der di alle dine Sünd verjäwe deit
  un alle dine Däkerichkeit heele ward,

10 Es wird dir kein Übel begegnen,
    und keine Plage wird sich deinem Hause nahen.

11 Denn er hat seinen Engeln befohlen,
    dass sie dich behüten auf allen deinen Wegen,

12 dass sie dich auf den Händen tragen
    und du deinen Fuß nicht an einen Stein stoßest.

13 Über Löwen und Ottern wirst du gehen
    und junge Löwen und Drachen niedertreten.

14 „Er liebt mich, darum will ich ihn erretten;
    er kennt meinen Namen, darum will ich ihn schützen.

15 Er ruft mich an, darum will ich ihn erhören;
    ich bin bei ihm in der Not,
    ich will ihn herausreißen und zu Ehren bringen.

16 Ich will ihn sättigen mit langem Leben
    und will ihm zeigen mein Heil."

Psalm 103
Das Hohelied der Barmherzigkeit Gottes

1 Lobe den Herrn, meine Seele,
   und was in mir ist, seinen heiligen Namen!

2 Lobe den Herrn, meine Seele,
   und vergiss nicht, was er dir Gutes getan hat:

3 der dir alle deine Sünden vergibt
   und heilet alle deine Gebrechen,

4 der din Läwe vom Verdarwe losmoakt,
un der di met Jnaod un Barmherzigkeit kröne deit,

5 der dinem Mund fresch un frei moakt
un du wedder jung warscht wie e Oadler.

6 De Herr versorjt di met Jerechtichkeit un Recht,
un dat for allem an jenne, dä Unrecht liede doone.

7 He hett sine Wäje schon dem Mose weete loate,
un ook alle Kinder Israel öss bewusst, wat he enne jedoahne hett.

8 Barmherzig un jnädich öss der Herr,
jeduldich un von unjeoahnter Jüte.

9 He ward nich emmer opp mi jrolle
un ook nich ewich met mi zornich sen.

10 He handelt nich noa onsere Sünd
un deit ons nich stroafe noa unsre Verfählunge.

11 Denn so hoch sich dä Himmel äwer dä Erd erhäwe deit,
deit he sine Jnaod äwer jenne opprechte, dä em firchte.

12 Sowiet wie dä Morje vom Oawend entfernt öss,
lett he ook onse Sünd von ons sen.

13 Wie sich e Foader äwer sine Kinder erbarmt,
so erbarmt sich der Herr ook äwer dä, dä em firchte.

14 He weet doch ganz jenau, wat forre Lüd wi sent,
trotzdem denkt he an ons,
obwohl wi voar em doch nur wie Sandjestöwer sent.

15 Dat Läwe von ons Mensche let sich jood verglieke mettem Jras,

4   der dein Leben vom Verderben erlöst,
     der dich krönet mit Gnade und Barmherzigkeit,

5   der deinen Mund fröhlich macht,
     und du wieder jung wirst wie ein Adler.

6   Der Herr schafft Gerechtigkeit und Recht allen,
     die Unrecht leiden.

7   Er hat seine Wege Mose wissen lassen,
     die Kinder Israel sein Tun.

8   Barmherzig und gnädig ist der Herr,
     geduldig und von großer Güte.

9   Er wird nicht immer hadern noch ewig zornig bleiben.

10 Er handelt nicht nach unseren Sünden
     und vergilt uns nicht nach unserer Missetat.

11 Denn so hoch der Himmel über der Erde ist,
     lässt er seine Gnade walten über denen, die ihn fürchten.

12 So fern der Morgen ist vom Abend,
     lässt er unsere Übertretungen von uns sein.

13 Wie sich ein Vater über Kinder erbarmt,
     so erbarmt sich der Herr über die, die ihn fürchten.

14 Denn er weiß, was für ein Gebilde wir sind;
     er gedenkt daran, dass wir Staub sind.

15 Ein Mensch ist in seinem Leben wie Gras,

obber ook mette Blom, dä oppem Feld bleeje deit.

16 Wenn denn oppe moal dä Wind doaräwer bloase deit,
dann öss allet wi wechjefächt, un von dem Platz,
wo et toeerscht weer, öss nuscht mehr to finde.

17 Im Jäjensatz doaterto bliewt onser Herr von Ewichkeit to Ewichkeit
for all jenne, dä em firchte.
Un sine Jerechtigkeit ware ook dine Noafoahre erläwe,

18 wenn se sich an sinem Bund hoole doone,
un dä in ährem Kopp nich nur sine Jebote awjelecht hebbe,
sondern ook in ährem Läwe omsette done.

19 Der Herr hett sinem Thron im Himmel oppjerecht,
un sin Reich herrscht äwer allet, wat et ook nur jefft.

20 Lobt dem Herr – ju alle Engel un ook ju alle Helde,
dä ju jenau dat utrechte doone, wat sine Befähle segge.

21 Lobt dem Herr, alle sine Schwadrone,
alle sine Knechte, dä sinem Welle omsette doone.

22 Lobt dem Herr, alle sine Werke,
un dat ohne Utnoahm opp jedem Platzke,
sowiet sine Herrschaft reeke deit.
Lob dem Herr, min Seelke!

er blüht wie eine Blume auf dem Felde;

16 wenn der Wind darüber geht, so ist sie nimmer da,
und ihre Stätte kennet sie nicht nicht mehr.

17 Die Gnade aber des Herrn währet
von Ewigkeit zu Ewigkeit über denen,
die ihn fürchten, und seine Gerechtigkeit auf Kindeskind

18 bei denen, die seinen Bund halten
und gedenken an seine Gebote, dass sie danach tun.

19 Der Herr hat seinen Thron im Himmel errichtet,
und sein Reich herrscht über alles.

20 Lobet den Herrn, ihr seine Engel,
ihr starken Helden, die ihr seinen Befehl ausrichtet,
dass man höre auf die Stimme seines Wortes!

21 Lobet den Herrn, alle seine Heerscharen,
seine Diener, die ihr seinen Willen tut!

22 Lobet den Herrn, alle seine Werke,
an allen Orten seine Herrschaft!
Lobe den Herrn, meine Seele!

Psalm 121
Der treue Opppasser von ons Mensche

1 Eck häw mine Ooje opp to dä jroote Barje.
  Von woher kann mi jeholpe ware?

2 All mine Help kemmt von dem Herr,
  der ook dem Himmel un dä Eerd jemoakt hett.

3 He ward dinem Foot nich stolpere loate,
  un der emmer opp di opppasst, schloapt niemoals nich.

4 Bedenk doch – der ook opp Israel opppasst,
  schloapt un misselt nich.

5 Der Herr passt opp di opp,
  der Herr öss din Schatte äwer dine rechte Hand,

6 dat di am Dach dä Sonn nich brenne deit
  un dä Mond di ook nuscht anhebbe kann.

7 De Herr ward di bewoahre for allem Böse;
  he ward ook din Seelke bewoahre.

8 Der Herr ward dinem Utjang un Enjang bewoahre
  – von nu an bis in alle Ewichkeit!

Psalm 121
Der treue Menschenhüter

1   Ich hebe meine Augen auf zu den Bergen.
    Woher kommt mir Hilfe?

2   Meine Hilfe kommt von dem Herrn,
    der Himmel und Erde gemacht hat.

3   Er wird deinen Fuß nicht gleiten lassen,
    und der dich behütet, schläft nicht.

4   Siehe, der Hüter Israels schläft und schlummert nicht.

5   Der Herr behütet dich,
    der Herr ist dein Schatten über deiner rechten Hand,

6   dass dich des Tages die Sonne nicht steche
    noch der Mond des Nachts.

7   Der Herr behüte dich vor allem Übel,
    er behüte deine Seele.

8   Der Herr behüte deinen Ausgang und Eingang
    von nun an bis in Ewigkeit!

Psalm 139
Gott, der allet weet un äwerall öss

1   Herr, du kickst deep in mi renn, du kennst mi dorch un dorch.

2   Ob eck jeroad irjendwo hucke oder stoahne do – du weetst et.
Schon von wiet her weetst du, wat eck jeroad denke do.

3   Ob eck joahne do oder mi henjeleggt hebb – du sittst mi,
min ganzet Läwe öss di ganz un joar vertruut.

4   Schon bevoar eck wat utspräke well, weetst du schon,
wat eck segge well.

5   Von alle Siede best du om mi rom
un lettst dine bewoahrende Hand äwer mi sen.

6   Dat du mi so genau kennst – dat kann eck nich bejriepe,
dat öss mi mehr noch als to hoch,
dat ward mi emmer e unverstandenet Jeheimnis bliewe.

7   Wie kann eck man bloß von di wechloape?
Wohen kann eck mi oppe Wech moake,
dat du mi nich mehr seehne kannst?

8   Micht eck mi so hoch wie bis tum Himmel bejäwe – du best durt!
Micht eck mi bi dä Doodje verbaarje – du best ook durt!

9   Fleej eck janz schnell bis doahen, wo dä Sonn oppjeiht,
oder versteck eck mi ganz wiet im Weste, wo se underjeiht;

10 ook durt warscht du mi feehre un mi nich mehr losloate.

11 Wenn eck mi wünsche deed: „Alle Diesternis soll mi ommantele,
un dat Licht om mi herom soll sich in Nacht verdreeje!" –

Psalm 139
Gott der Allwissende und Allgegenwärtige

1 Herr, du durchschaust mich, du kennst mich durch und durch.

2 Ob ich sitze oder stehe – du weißt es,
   aus der Ferne erkennst du, was ich denke.

3 Ob ich gehe oder liege – du siehst mich,
   mein ganzes Leben ist dir vertraut.

4 Schon bevor ich rede, weißt du, was ich sagen will.

5 Von allen Seiten umgibst du mich
   und hältst deine schützende Hand über mir.

6 Dass du mich so genau kennst – unbegreiflich ist das,
   zu hoch, ein unergründliches Geheimnis!

7 Wie könnte ich mich dir entziehen;
   wohin könnte ich fliehen, ohne dass du mich siehst?

8 Stiege ich in den Himmel hinauf – du bist da!
   Wollte ich mich im Totenreich verbergen – auch dort bist du!

9 Eilte ich dorthin, wo die Sonne aufgeht,
   oder versteckte ich mich im äußersten Westen, wo sie untergeht,

10 dann würdest du auch dort mich führen und nicht mehr loslassen.

11 Wünschte ich mir: «Völlige Dunkelheit soll mich umhüllen,
   das Licht um mich her soll zur Nacht werden!» –

12 For di öss ook dä Diesternis nich diester;
   bi di micht dä Nacht tum helle Dach ware
   un dä Diesternis stroahlt wie dat helle Licht.

13 Du hest mi jemoakt – minem Körper un ook mine Seel,
   im Leib von mine Mutter hest du mi konstrueert.

14 Herr, eck dank di doafär,
   dat du mi so wunderbar un so eenzich jemoakt hest!
   Eck find dat allet so jroot, wat du jemoakt hest –
   dat erkenn eck ganz kloar!

15 Schon als eck im Verborjene Jestalt anneehm,
   als von mi noch nuscht to seehne weer,
   doa häst Du mi schon kunstvoll jemoakt im Leib von mine Mutter,
   obber for di weer eck dennoch nich verborje.

16 Als et met mi jeroad so losjing, doa hest du mi schon jeseehne.
   Alle Doaj von minem Läwe hest du schon in din Book jeschrä-
   we – un dat ook noch bevoar een eenzijer Dach von mi anfing!

17 Dine Jedanke sent to schwer for mi, o min Gott,
   dat sent so väle, dat eck dat nich bejriepe kann!

18 Dine Jedanke sent mehr als wat dä Sand am Meer Keerner hett;
   michd eck dä alle opptelle welle, niemoals nich keem eck doa-
   met to end!

23 Dorchforsch mi, o Gott, un kick in min Herzke,
   prief doch e moal, wat eck denke un feehle do!

24 Pass opp, dat eck nich in dä Jefoahr stoah, von di wechtojoahne,
   obber denn hoal mi schnell opp jennem Wech torück,
   der mi tum ewije Läwe bringe ward!

12 für dich ist auch das Dunkel nicht finster;
die Nacht scheint so hell wie der Tag
und die Finsternis so strahlend wie das Licht.

13 Du hast mich geschaffen – meinen Körper und meine Seele,
im Leib meiner Mutter hast du mich gebildet.

14 Herr, ich danke dir dafür,
dass du mich so wunderbar und einzigartig gemacht hast!
Großartig ist alles, was du geschaffen hast – das erkenne ich!

15 Schon als ich im Verborgenen Gestalt annahm,
unsichtbar noch, kunstvoll gebildet im Leib meiner Mutter,
da war ich dir dennoch nicht verborgen.

16 Als ich gerade erst entstand, hast du mich schon gesehen.
Alle Tage meines Lebens hast du in dein Buch geschrieben –
noch bevor einer von ihnen begann!

17 Deine Gedanken sind zu schwer für mich, o Gott,
es sind so unfassbar viele!

18 Sie sind zahlreicher als der Sand am Meer;
wollte ich sie alle zählen, so käme ich doch nie an ein Ende!

23 Durchforsche mich, o Gott, und sieh mir ins Herz,
prüfe meine Gedanken und Gefühle!

24 Sieh, ob ich in Gefahr bin, dir untreu zu werden,
dann hol mich zurück auf den Weg,
der zum ewigen Leben führt!

Dat Foader-Onser

Foader onser, der du best im Himmel!
Din Noame öss jeheilijt for emmer un ewich.
Loat sich din Riek emmer mehr utbreede.
Din Welle soll emmer dem Vaorrang hebbe –
im Himmel un ook oppe Eerd.
Jeff ons all dat, wat wi an dissem Dach bruuke.
Nemm onsere Schuld von ons,
so wie ook wi all jenne verjäwe doone,
dä an ons schuldich jeworde sent.
Help ons doterto, dat wi nich to Fall koahme,
moak ons frei, un redd ons von all dem Böse,
wat in onsere Welt öss.
Denn din öss dat Riek un dä Kraft
un dä Herrlichkeit in Ewichkeit. Amen!

Das Vaterunser

Vater unser, der du bist im Himmel.
Geheiligt werde dein Name.
Dein Reich komme.
Dein Wille geschehe, wie im Himmel,
also auch auf Erden.
Unser tägliches Brot gib uns heute.
Und vergib uns unsere Schuld,
wie auch wir vergeben unseren Schuldigern.

Und führe uns nicht in Versuchung,
sondern erlöse uns von dem Bösen.

Denn dein ist das Reich und die Kraft
und die Herrlichkeit in Ewigkeit. Amen!

Die Heimat von Werner Gitt

Bauernhof von meinen Eltern *Hermann* und *Emma Gitt* in östlicher Blickrichtung. Nur die beiden Ställe sind zu sehen. Das 100-jährige Fachwerkhaus ist durch die hohen Birken (links im Bild) verdeckt. Von der Holzscheune (rechts im Bild) ist nur der Giebel zu erkennen. Im Vordergrund steht mein Vater mit mir.

Das Gemäde des Hofes wurde von dem Grafiker und Maler *Anselm Schönfeld* gemalt (Ölfarbe auf Leinwand). Als Vorlage diente ein altes Schwarz-Weiß-Foto, das nach meinen Erinnerungen ergänzt wurde.
Das Bild auf der nächsten Seite zeigt den Lageplan meines Geburtsortes Raineck (zuvor: Uszdeggen). Das Dorf hatte 133 Einwohner (Stand: 1939) und lag im nördlichen Teil von Ostpreußen. Dieses Gebiet gehört heute zu Russland. Wie auch viele andere Dörfer wurde Raineck 1957, das bis dahin den russischen Namen Simonowka

trug, von den Sowjets völlig beseitigt, um eine große Fläche für eine Kolchose zu erhalten, die allerdings nie entstanden ist.

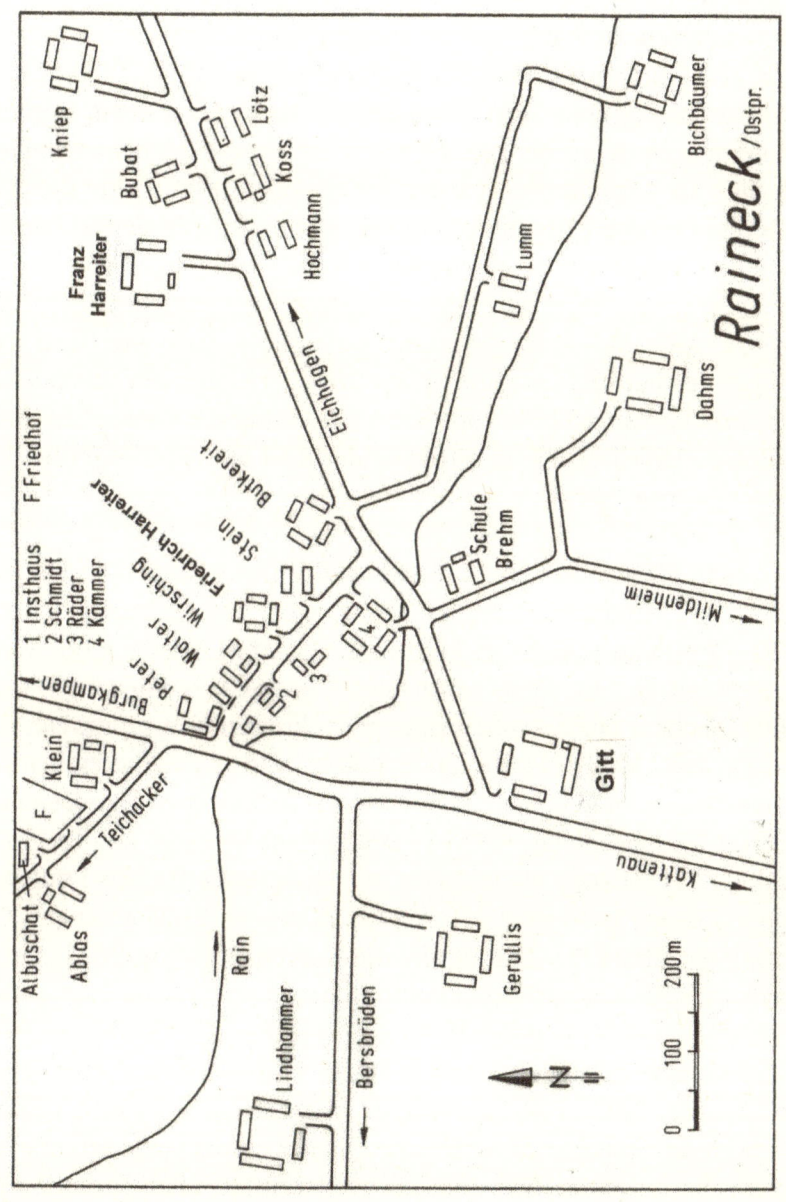

Der Übersetzer

Dir. u. Prof. a. D. Dr.-Ing. *Werner Gitt* wurde am 22.02.1937 in Rai-
neck im nördlichen Ostpreußen (125 km östlich von Königsberg ge-
legen) geboren. Er wuchs auf dem elterlichen Bauernhof in dörflicher
Idylle auf. Dort wurde ausschließlich das ostpreußische Platt gespro-
chen, so dass er kein Wort Hochdeutsch konnte, als er im Sommer
1943 eingeschult wurde. Bei der jetzt vorliegenden Übersetzung hat
sich dies als vorteilhaft erwiesen. Im Oktober 1944 rückte die Rote
Armee bis an die ostpreußische Grenze vor. So musste die Familie
(ohne den Vater) mit Pferd und Wagen die Flucht ergreifen, und sie
gelangten nach Peterswalde im südlichen Ostpreußen in der Nähe
von Osterrode. Durch die folgenden Kriegsereignisse war *Werner* als
einziger der Familie übriggeblieben und lebte dann bei seiner Tante
Lina. Im Oktober 1945 begann die Vertreibung der Deutschen durch
die Polen. Auf diese Weise erreichte der Rest der Familie schließlich
die Nordeeinsel Föhr.

Nach Schulbesuchen und Studium an der Ingenieurschule Iserlohn
(1958-1960) studierte er an der Technischen Hochschule Hannover
(1963-1968) und schloss als Dipl.-Ing. ab. Von 1968 bis 1971 war er
Assistent am Institut für Regelungstechnik an der Technischen Hoch-
schule Aachen. Nach zweijähriger Forschungsarbeit promovierte er
zum Dr.-Ing. Von 1971 bis 2002 leitete er den Fachbereich Infor-
mationstechnologie bei der Physikalisch-Technischen Bundesanstalt
(PTB) in Braunschweig. 1978 wurde er zum Direktor und Professor
bei der PTB ernannt. Er hat sich mit wissenschaftlichen Fragestel-
lungen aus den Bereichen Informatik, numerischer Mathematik und
Regelungstechnik beschäftigt und die Ergebnisse in zahlreichen wis-
senschaftlichen Originalarbeiten publiziert.

1972 bekehrte er sich in einer Evangelisation mit *Leo Janz* zu Je-
sus Christus. Von da an beschäftigte er sich intensiv mit der Bibel.
Im Laufe der Zeit hat er zahlreiche Bücher zum Thema Glaube und
Wissenschaft geschrieben und war weltweit auf allen Erdteilen mit

der rettenden Botschaft des Evangeliums unterwegs. Von der Homepage www.wernergitt.de können viele Texte – auch in etlichen anderen Sprachen – runtergeladen werden. Von 1984 bis 2016 lehrte er das Fachgebiet „Bibel und Naturwissenschaft" als Gastdozent an der „Staatsunabhängigen Theologischen Hochschule Basel (STH Basel)". Er ist seit 1966 mit seiner Frau *Marion* verheiratet. Im September 1967 wurde *Carsten* und im April 1969 *Rona* geboren.

Zahlreiche naturwissenschaftlich-biblisch orientierte und evangelistisch ausgerichtete Vorträge von *Werner Gitt* sind im Inernet unter den folgenden Adressen zu finden:

Werner gitt youtube
Werner gitt podcast